シリーズ 神学への船出 00
Crossing the boundary

佐藤優［著］
Sato, Masaru

神学部とは何か
――非キリスト教徒にとっての神学入門

新教出版社

目次

まえがき

私は神学はすばらしい学問だと思っている。

神学は、もっとも知的刺激に富んだ学問である。それに加えて伝統がある。現在、大学で教えられている学問のほとんどは、近代になってから確立したものなので、たかだか二百数十年の歴史しかもっていない。これに対して、神学は、近代以前から存続する二千年近くの伝統をもっているので、過去の蓄積が極端に多い。一生打ち込んでも後悔しないようなテーマが神学にはたくさんある。

しかし、私が神学をすばらしい学問だと思うのは、それが人生にとってとても「役に立つ」からだ。

神はなぜこの世界を創ったのか？

人間の原罪とは何か？

悪は善の欠如を指すのか、それとも悪は実体をもった現実なのか?
神が悪をつくったならば、それは神でなく、悪魔ではないのか?
神はなぜ人間となったのか?
終末はほんとうにくるのか?

こういう神学的な問いかけは、21世紀に生きる平均的日本人には関係がないように見える。しかし、深いところで、われわれがいかに生きていくかという問題とかかわっている。一見、「役に立たない」と思われるような神学上の問題設定や論争が、人間が現実の世界で生きていく上で役に立つのである。

それだから、日本で圧倒的大多数を占める非キリスト教徒の人々を念頭に置いて、私はこの本を書いた。

当初、「非キリスト教徒のための神学入門」という本をまったく新たに書き下ろそうと考えた。しかし、途中で考えを変えた。私は2008年12月2日、京都の同志社女子大学栄光館で行われた第13回同志社国際主義教育講演会で「インテリジェンスと同志社精神」という表題で話をした。このときは、同志社大学で学ぶ非キリスト教徒の学生に、どのように神学に関心をもってもらうか、そして神学という特殊な学問が、外交やインテリジェンス（諜報）の現場で、未知の問題と遭遇したときにいかに役に立つかということを中心に話をした。自分で言うのは少し気恥ずかしいが、このときの記録を見て、「キリスト教神学の基本線をきちんとおさえたよい講演だ」と思った。

そこで、当初の計画を変更して、この講演記録を加除修正して、本にすることにした。その方が「非キリスト教徒にとっての神学入門」という目的の達成にかなうとおもったからだ。しかし、実際に作業に着手してみると、数百カ所にも手を入れることになり、結局、講演記録の内容とはかなり異なる本になった。本書は書き下ろし本と考えてほしい（実際には、書き下ろしよりも、時間と労力がかかっている）。

また、表題も「神学部とは何か」に変更した。キリスト教というと、何となくイメージがわくが、神学部というと非キリスト教徒はもとより、日常的に教会に通っている信者にもよくイメージがわかないからだ。神学部、それも具体的に私が神学的基礎を叩き込まれ、ものの考え方を教わり、生涯の友を得た同志社大学神学部に焦点をあてることで、キリスト教神学の輪郭を浮き彫りにすることにした。

神学的真理は、自然科学の法則とは異なる。精神科学である神学は、個性記述という手法で、その性格をもっとも明らかにすることができるのだ。昔話のようなエピソードの中にも神学的真理が隠されている。

本書は、キリスト教に関心をもつ人ならば、誰でも理解できるような記述になっている。それだから気楽に読んで欲しい。

大学進学で悩んでいる高校生や浪人生で、本気で勉強したいという意欲がある人には、神学部を受験することを薦める。ほんとうの意味で、人生にとって役に立つ知識と、生涯の師、友をえることができる場が神学部であると私が確信しているからだ。

現役の神学部生は、本書に目を通して、学習意欲を一層強めて欲しい。また、神学部以外の学部で学ぶ学生のみなさんは、本書を通じて、総合的な知を獲得するためには神学が不可欠であることを是非理解して欲しい。
本書の刊行をとおして、神学部とキリスト教神学に対する世の中の関心が少しでも強まることを期待している。

２００９年６月

佐藤　優

1　神学とは何か

神学とは何か

神学は「虚学」である

神学の特徴について、簡単にその概要を説明したい。

そもそも、神学は、他の学問とはまったく性格を異にしている。他の学問を実学とすると、神学は「虚学」なのだ。「虚」とは、普通の人間には見えない事柄を指す。「虚学」とは、見えない事柄を対象とする知的営為について私が名づけた言葉だ。別の言い方をすると、人間の「虚」の部分を、神学特有の「虚」の方法で扱うのである。工学や経済学、あるいは法学が「実学」であることを読者は納得できるだろうが、神学の立場から見るならば、文学や哲学も「実学」である。

文学や哲学は、人間の「実」の部分を対象とする現実的な学問で、確立した手続きを踏まえて一定の成果を出すことができる。それに対して神学は、「目に見える成果をあげる」という意味では役に立たない。ところが、ヨーロッパにおいては、神学部を持っていないと、ユニバーシティ（university〔英〕）、ウニベルジテート（Universität〔独〕）、つまり総合大学と名乗ることができない。というのは、神学以外の知、すなわち実学の「実」を支える「虚」の部分が必要だからである。神学は「実学」の全てについて、影のように張りついて存在している。(1) 神学部の存在によって、「実学」を扱う学部の土台がつくられる。だから神学部のない大学は総合大学とは言えないのだ。

私が同志社大学神学部の学生だったころ、今出川キャンパスに奇妙な部屋があった。私たち神学部の学生は、神学館の二階の図書室の角のところにあるその部屋を「アザーワールド（Other World）」と呼んでいた。もともとは大学院生の研究室だったが、１９６９年、学園紛争の際に神学部の学生運動活動家たちが占拠してアザーワールドになったのだ。

ところで、私は学園闘争と呼ばないで、わざと学園紛争と呼ぶ。闘争には目的がある。実をいうと、確固とした目的がある闘争からは、真に創造的な

（1）「実学」の全てに張りついて存在する神学：例えば、数学だったら数学に対応する数理神学というものが存在する。歴史学だったら歴史学に対応する歴史神学が存在する。同じように、経済学に対応して経済神学が存在し、医学に対応して医学神学が存在する。

ものは生まれてこない。むしろ紛争のようなぐじゃぐじゃなカオスから、本当に面白いものは生まれてくると考えるからである。

紛争について、更に補足したい。もしあの紛争が、目的合理性に基づいて行われていたのであれば、大学がロックアウトされているときに学生たちは正門から突入する必要はなかったのである。単に大学の中に入るということが目的だったら、同志社中学校の裏の塀からいとも簡単に入れるわけだ。ところが、活動家たちはそういうことは絶対にしない。機動隊が出てくることがはっきりとわかっているにもかかわらず、学生たちは、正門か西門から正面突破をはかって、ボコボコにぶん殴られ、逮捕されるわけだ。学生たちをそこまでさせたのは、これが政治闘争ではなく、「われわれは同志社の学生だから、どんなときでも正門から大学に入っていくのだ」ということを主張する一種の正義闘争だったからである。逮捕歴がつくことによって一生棒に振るかもしれないのに、学生たちは平気で正義闘争をしたわけである。それは、その人の価値観に基づいている。ただし、政治的な目的合理性がない「意味のない闘争」だからこそ、逆説的に言って神学的に何かを生み出す可能性をもった「意味がある紛争」だったのである。

さて、そのアザーワールドは、内側の壁が紺色で塗られていて、扉の真ん中の方に小さな黄色いすりガラスが入っていて、そこを見れば中に電気が点いているかいないかだけはわかるが、中はよく見えないというミステリアスな場所《トポス》だった。そこは神学部の学生運動活動家たちやそのシンパのアジト、たまり場だった。

私や神学部の仲間たちは、大学と大学院の六年間、ほとんどそこに住んでいたと言っていい。横の部屋に給湯室があったので、大きな鍋を買ってきてそれに湯を張り、銭湯に行けないときは、深夜そこで風呂に入ったりしてそれ相応に清潔な生活をしていた。

「なぜこんな部屋を大学が残しているのか」という批判もあった。それに関して、神学部教授の野本真也(2)先生があるときこう言ったのである。

「秩序が成り立つためには、どこか秩序が完全に崩れている場所がないといけないのです。そういうふうになっていないと秩序というものは成り

(2) 野本真也：同志社大学神学部教授。現学校法人同志社理事長。旧約聖書学者。著者の学生時代の指導教授の一人。

立たないのです」。

私は何かのレトリックかと思ったが、今になってやっとその意味がわかるようになった。野本先生は、ユダヤ教のカバラ(3)のことを暗示していたのだ。ユダヤ教にはカバラという思想があるが、その中にこのような知恵がある。

「理屈の世界が積み重なると、必ず、理屈に反する世界がそれと同じだけ積み重なり、あるときパーンと破裂してしまう。」

あれだけ精密だった金融工学が破綻して、リーマン危機(4)が生じてくるなどという現象も、カバラ的な見方をすれば簡単にわかる。これはまさにキリスト教神学の考え方でもあって、そういう意味においても、神学は「虚学」なのである。

神学がいかに「虚学」であるかということを、次の二点からさらに説明したい。

一点目は「神学では論理的整合性が低い側が勝利する」ということ。

二点目は「神学論争は積み重ねられない」という神学の性質についてで

(3) カバラ(Kabbālāh):語源は「(受け取られた)伝承、伝統」。古代ユダヤ教から続く秘教的な教理。12―13世紀ごろに形成されたユダヤ教神秘主義および神智学の形態。以後のキリスト教や諸思想に影響を与えた。

(4) リーマン危機:2008年9月に起こった米国投資銀行兼証券会社リーマンブラザーズの破綻。2008年秋からの世界大不況の引き金となった。

ある。

神学では論理的整合性が低い側が勝利する

普通、学問的議論においては、意見が分かれていざ論争になると、論理的整合性が高い側、すなわち論理的に正しい側の言説が支持され、論争に勝つのだが、神学の場合はそうでない。過去の例から見ると、むしろ論理的整合性が高い方が負ける傾向が強い。そして議論に負けた側は異端という烙印を押されて、運がよい場合でも排除され、運が悪ければ皆殺しにされる。読者はこのことを不思議に思うだろう。

実はこのような流れが神学論争においてはちょうどいいのだ。

神学以外の論争においても、そもそも現実に大きな影響を与える性格を帯びている場合、論争の最終局面になると政治権力が入ってきて暴力的になり、権力がぎゅっと押さえつける感じになる。勝った方は、自分たちにやましいところがあるので後ろめたい気持ちになり、「理論的にはこっちの方が弱かったのではないか。あれで勝ってしまってよかったのか」という気持ちになる。負けた方は、「政治的には弱いし人数は少ないけれども、自分たちの方が絶対に正しかったという確信を持つ」。おそらくグノーシス主義[5]が、神学におけるいちばんはじめの負け組だった。グノーシスの人たちがいたから、キリスト教の中での絶妙なバランスが保たれるようになったのだろう。

　神学論争には滅茶苦茶な話がたくさんある。例を二つ挙げる。いわゆる「神の母論争[6]」と「フィリオクエ論争[7]」である。

　12世紀後半、現在のフランスのリヨンにワルドー派[8]と呼ばれるキリスト教の一派がいた。原始キリスト教会の清貧思想に基づいて私有財産を放棄し、カトリックの階層性を批判し、腐敗した教会に代わって自分たち自身が福音を直接民衆に宣べ伝えたいと言い始めたので、「正統」とされているカトリックの異端審問官たちが来て、審問を始めたのである。そうしたときの一番目の質問は、「あなたは父なる神を信じるか」である。それに対してワルドー派は「はい」と答える。次に「あなたは子なる神を信じるか」と質問する。子なる神はキリストだから、ワルドー派は「はい」と答

(5) グノーシス（Gnōsis）：語源は「知識」。1〜3世紀の地中海世界に起こった宗教思想運動。知的、論理的にではなく、神秘的、直観的に神の啓示を体験しようとする英知（霊知）をいう。その極端な霊肉二元論、現世否定的傾向により、正統教会からは異端とされた。

(6) 神の母（Theotokos）論争：テオトコス論争とも呼ばれる。イエスにおいて神性と人性の両方を認めることから、人間イエスの母は同時に神なるキリストの母であるとする考えの是非をめぐって争われた論争。

(7) フィリオクエ（filioque）論争：聖霊発出論争における用語。「子からも」の意味で、聖霊が父なる神ヤハウェからも、

える。今度は、「あなたはキリストの母を信じるか」と聞く。キリストの母だからマリアだなと思って、ワルドー派は「はい」と答える。そうすると、これは異端となり、火炙りが決定するのである。

　なぜかというと、「キリストの母」という言い方は、5世紀に決定されたカルケドン信条(9)に反するからである。この信条が制定された背景には「神の母か、キリストの母か」という神学論争が存在した。「マリアはキリストの母」と言えば異端とされたわけだ。

　しかし、考えてみてほしい。「キリストは真《まこと》の神で真《まこと》の人」なのだから、「キリストの母」と言おうが「神の母」と言おうが同じはずである。むしろ、「神の母」という方が論理的に飛躍している。神学的に考えるなら、「真の神で真の人」、すなわち人間と神の間に立つキリストの「仲保者《ちゅうほしゃ》」としての特殊な位置を考えれば、キリストの母と言う方が論理的整合性は高いはずだ。しかしそれは「キリストの神性をおろそかにしている」と見なされ、異端と断罪された。

　神学論争がいかに恣意的であり、そこで問われていることがいかに論理

子キリストからも発出するという考えの是非をめぐって争われた論争。

(8) ワルドー派：12世紀後半にリヨンの商人ワルドー（Peter Waldo, ?-1218?）が始めたキリスト教の一派。原始キリスト教会の清貧への回帰を唱え、私有財産とヒエラルキーの放棄、聖書の俗語訳を要求したため異端とされた。

(9) カルケドン信条：451年に小アジアのカルケドンで開かれたカルケドン公会議で定められた信条。単性論やネストリウス派を批判して、キリストは、神性・人性の両性を完全に「混ざらず、変わらず、分かたず、離れない」形で有するという思想を表明した。それ以降、「キリストは真の神で真の人」である。

的整合性がないかということが容易にわかるだろう。大体このような形で、一方の側が異端とされ、政治的な弾圧を受ける。かといって、弾圧を受けて追い込まれていくものの、完全にその言説が息の根を止められ消滅するということもない。前述したように、それによってちょうど両者の意見のバランスが保たれているのである。勝った側の方は、「自分たちには論理的に少々無理があったのではないか」という気持ちがあるものの、「政治的には勝利した」という意識をもつ。それに対して負けた側は、「自分たちは政治的には敗れたけども、理論的には正しかった」という確信がある。

もう一つは「フィリオクエ(filioque)論争」だ。これは4世紀のニカイア・コンスタンティノポリス信条[10]の解釈をめぐる論争である。フィリオ(filio)は「子から」という意味であり、クエ(-que)は「も」という意味だ。この論争は、「聖霊[11]は、父と子のどちらから発出するのか」という問題を争った議論であり、カトリック教会やプロテスタント教会、すなわち西方教会[12]は、「聖霊は父と子の両方から発出する」と考える。それに対して東方正教会[13]は、「聖霊は父から発出する」と考えた。この二つの間に大

(10) ニカイア・コンスタンティノポリス信条：カトリック教会、東方正教会、大多数のプロテスタント諸教会がそろって受け入れている信条。

(11) 聖霊：神の3つの位格の1つ。フィリオクエ論争により、これは父なる神と子なるイエスの両方から発出するとされた。

(12) 西方教会：西欧で発展した諸教会の総称。カトリック教会。およびそこから分かれたプロテスタント教会を指す。

(13) 東方正教会：キリスト教の3大分流の1つ。元来は、ビザンツ(東ローマ)帝国の教会。典礼の重視、イコン崇敬、厳格な修道制、神秘主義的思想に特徴がある。

きな神学論争があって、ついに1054年、東西教会はこのフィリオクエ論争をひとつの契機として分裂してしまったのである。そして互いに相手を破門しあった。これを教会史では「大分裂《シスマ》(14)」と呼んでいる。

その時のカトリック教会の言い分は、「ニカイア・コンスタンティノポリス信条にあったフィリオクエを、正教会が削除したのだ」という、ほとんど言い掛かりに近い非難であった。だが当時は皆が皆、それが正しいと信じていたのである。ところが、16世紀になって人文主義(15)が興隆し、文献学が発達して考証を進めていくと、「ニカイア・コンスタンティノポリス信条自体に、もともとフィリオクエはなかった」ということが明らかになった。本来のテキストには「聖霊は父から発出し」と書かれていたのだ。

このことは東西の教会に大きな衝撃を与えた。「子からも」という文言は、5、6世紀くらいになって、カトリック教会が挿入したものだったのだ。だから西方教会が東方正教会に因縁をつけたことは、完全に誤りだったのである。しかし、カトリック教会もプロテスタント教会も、正教会に対して決して謝罪したりしないし、「フィリオクエに関してはこちらが間

(14) 大分裂(schisma):直接的には、聖職者の独身制や聖餐式のあり方をめぐる非難の応酬が原因。しかしその遠源は、フィリオクエをめぐる「フォティオスの分裂」(867年)だった。

(15) 人文主義(humanism):中世カトリック教会の権威・重圧から人間を解放し、ギリシャ・ローマの古典研究によって人間の本来性を復権させようとした精神運動。14世紀のイタリアで興り、全ヨーロッパに波及した。

違えていました」とも言わない。そして「ニカイア・コンスタンティノポリス信条における聖霊と父なる神との関係をよりはっきりさせ、より正確にするために、フィリオクエを挿入したのだ」と、自らの立場を正当化するのである。

この2つの例から明らかなように、神学論争は、論者の出身教派や帰属教派を聞けばだいたい結論が分かる仕組みになっているのだ。正教会の人とフィリオクエ論争したら、正教会の人はどんな理屈をつけようが、フィリオクエは誤りだと言うに決まっているし、プロテスタントとカトリックの神学者はフィリオクエを支持するに決まっている。結論はあらかじめ決まっており、そこに向けてどうやって議論を作っていくかということが神学論争なのである。

官僚の世界もまた神学のあり方と似ていて、神学論争は官僚仕事をやる上で非常に役に立つ。官僚はまず最初に結論を決め、そしてあとはそこに向けた議論を組み立てていく。官僚の間で使われている業界用語に省庁間の合議《あいぎ》というものがある。これは役所の中の権限争いである。結局のところこの結論は、お互いの役所で最初から決まっているのだ。そのすでに決定している結論に向けて、どうやって理屈をきちんとつけていくのか、という性質だ。これはまさに神学論争（ディベート）と同じ構造である。ディベートは議論をして結論を出す試みではない。二つの相反する結論があり、両者のそれに向けての討論過程が重要なのである。

この論争においては、真理を探究しているわけではない。これがディベートの本質だ。ディベートは決闘でありゲームである。従って、ディベートと、お互いに真摯に議論をしながら真理を求めていく論争は、全然違う。神学的な議論はだいたい、このように論理的に正しい者が負けて、間違っている者が政治的に勝利するという傾向があるわけだ。ここを覚えておいてほしい。そうすると、論争で2000年間勝ち続けた論理的整合性が低い正統派神学の思想というのは一体何なのかという疑問が生じる。簡単に説明することができない問題である。

神学論争は積み重ねられない

学問はたいてい議論の積み重ねによって進歩する。しかし、神学論争の場合は積み重ねで議論がなされないことが多い。それが神学の第二の特徴である。

例えば「神は存在するのか」という問題がある。それに対する議論はこうである。「偉大なものは全ての概念を包摂する」。すると「神はこの上なく偉大なものである。したがって、神の業もまた偉大なものである。その業の中には、『存在する』という概念も含まれている。だから神は存在する」というような議論をするわけだ。そこから派生して、「偉大なアトランティス大陸というものが存在するはずだ」といった議論が発生してくる。こういった瑣末な議論が細かく展開されると、最後にどういうことになるか。興味をもたれた読者は、たとえば比較的最近出版された『針の上で天使は何人踊れるか』（ダレン・オルドリッジ著、寺尾まち子訳、池上俊一監修、柏書房、２００７年）を読んでいただきたい。中世末期の神学者たちは、このタイトルどおり、「針の上で天使は何人踊れるか」ということをめぐって真剣に議論したのだ。実はこれは、中世の普遍論争(16)が行き詰まった最後のところで生じた、非常に重要な神学論争なのである。例のように、途中で暴力的な介入があって論争は終わりを迎えたが、その頃には神学者たちはみなくたくたに疲れ果ててしまい、論戦の本筋が何だったのか、いったい何の論争をしていたのかを忘れてしまった。そして、2、300年経つと、同じ話がまた蒸し返されてくるのである。だから、ある神学論争が起こってきた場合は、たとえ一見新しいテーマのように見えても、過去1500年くらいの歴史をひもとくと、大体それと同じ論争が必ずどこかに存在しているのである。

同じようなことは、神学以外の分野でも行われているかもしれない。ただ、神学においては、絶対的な結論が出ないことについて論争しているのだ。このことを知っていれば、新しい論争が出てきた場合でも、それへの対処法、いわゆるツボがどこにあるかということが大体わかるようになる。

同じ話を何度も何度も反復するというのが神学の特質であり、まったくの徒労みたいなことを繰り返しているわけだ。そうした反復の歴史に関心

(16) 普遍論争：普遍が実在するか否かに関する中世スコラ神学の論争。はじめは実在論が優勢であったが、普遍は名目にすぎず、個別的なもののみが実在するという唯名論が現れた。トマス・アクィナスは「普遍は個別の中に実在する」として両者を調停した。

のある方は、イェール大学神学部教授を務めたチェコ系神学者ヤロスラフ・ペリカン[17]の『キリスト教の伝統』（全5巻、教文館、２００６〜０８年）を読んでほしい。

それでも神学は「役に立つ」

しかしながら、一見役に立たないように見える神学という学問が、一人一人の人生の危機において、あるいはまた時代の大きな転換期において、ものすごく役に立つ。神学には本当の意味での実用性がある。

人間はいつか死ぬ。だから、生きることとの意味を知る必要性が出てくる。人間は死ぬときに「自分の人生は何だったのか」と誰もが考えるのである。神学はそのときへの備えになる。

さらに様々な形で神学を勉強していくと、人間の限界を知ることができる。つまり「人間にはどこまで分かって、どこからが分からないか」ということが分かるのである。人間の限界が分かると、人間の社会の限界が分かる。それが分かると、人間の制度の限界も分かるのである。人間は限界

(17) ヤロスラフ・ペリカン（Jaroslav Jan Pelikan, 1923-2006）：優れた教理史家。ルター研究で教会史研究を始め、カトリックや正教会の歴史にも精通。多くの著書があるが、代表的なものは『キリスト教の伝統――教理発展の歴史』。

を知ると不必要な怖れを抱かなくなる。

前述してきた神学論争のうち、私が最も関心を持つテーマは受肉論[18]である。これについては1800年以上にわたって、煩瑣な議論も含め、さまざまな論争がなされてきた。

同志社大学神学部の図書館にある受肉に関連する神学書を全部読んでいったら、おそらく3～400年くらいかかるので、私が残りの人生すべて尽くしても、絶対にこの問題を解決できないということだけは、容易にわかる。しかし、そういうことに取り組むのが、神学者なのだ。それによって「何か」がわかるのである。人間の思考の底の底、最も深いところにある「何か」をつかむことができると私は信じている。これは一種の賭けである。

ではなぜそのような無謀な賭けをするかというと、究極のところで私は、いやおそらく私たち人間は、死に対する恐れを持っているからだと思う。結局のところ宗教の根源というのは、「自分が救済されたい」というところにあるのだと思う。われわれの向かう先には死がある、しかし当面にお

(18) 受肉論:「なぜ神が人となったのか」を考察する神学的議論。キリスト教には、神と人間をつなぐイエス・キリストという媒介者がいる。したがってキリスト論の核心部分とも大きくかかわってくる。

いて死の存在を認めない、あるいは考えないでおく、そこのところが不安の原因に他ならないのだ。そういった点にまで触れるのが、神学の仕事なのではないかと私は考える。

神学の4区分

ここで神学に関心をもたれた読者のために、神学というのは伝統的にどういう分野に分かれているか概観しておく。一概にキリスト教神学といっても、カトリック神学とプロテスタント神学、そして正教神学とではかなりその内容が異なっている。カトリック神学は、長い中世のスコラ神学の時期を経て神学を構築させた後、自由主義的な神学の風潮になかなかついていくことができず、近代的な神学体系の構築からは一定の距離をとってきた歴史を持っている。プロテスタント神学はカルヴァン以降、カトリックのスコラ学を引き継ぐ形で、自由主義を取り入れながら形成されていった。そうしたプロテスタント神学の発展に対抗してカトリックの神学体系が再形成されるので、19世紀から20世紀の神学の原型としてはプロテスタント神学を概観しておけばいいと思う。

キリスト教神学は、伝統的に次の4つに分類される。すなわち聖書神学、歴史神学、組織神学、実践神学である。

神学を専攻する人たちは、聖書神学、歴史神学、組織神学、実践神学のどれかひとつを主専攻とし、それ以外の領域についても一通り基本的な知識を身につけることになる。

私の場合は、組織神学を主専攻にした。組織神学の中でも教義学（教理学）である。さらに具体的に言うと、教義学から見た「教会と国家の関係について」である。チェコスロヴァキアの社会主義政権のもとにおける教会と国家の関係ということで、ヨセフ・ルクル・フロマートカという神学者を研究した。そのことについては後で触れる。ひとまず現代神学の4つの分類について、概観しておきたい。

聖書神学

聖書神学とは、文字通り聖書に関する神学だ。聖書は、旧約聖書と新約聖書とに分けられる（そのほか旧約聖書続編と呼ばれる部分もある）。したがって聖書神学もまた、旧約聖書神学と新約聖書神学とに分類される。旧約聖書は、ユダヤ教とキリスト教の共通の経典である。

そもそもキリスト教はユダヤ教の一分派と考えてもいいわけである。したがってキリスト教は、ユダヤ教の伝統や文脈を踏まえてはじめて理解できる。旧約聖書は主にヘブライ語で書かれているが、ちなみにイエスは何語を話したのだろうか？ 答えを言ってしまうと、ヘブライ語の系統のアラム語を話していたと推定される。

ヘブライ語はしばらく話し言葉としての位置をアラム語にゆずっていたが、20世紀になって、ベン・イェフダー[19]などの尽力によって、日常語として復活し、現代ではイスラエルの国語になっている。よって旧約聖書のヘブライ語を習得すれば、現在のイスラエルの日常語としても使用できる。

ところが、イエスの言動を描いている福音書が収められた新約聖書は、

(19) ベン・イェフダー（'Eli'ezer bēn Yahūdhāh, 1858-1922）：現代ヘブライ語復活の中心人物。ロシア帝国領だったリトアニアからパレスチナに移り住み、ほぼ独力でヘブライ語を話し言葉として現代に復活させた。全17巻からなるヘブライ語大辞典を編纂した。

(20) プラトン（Platōn, B.C. 427?-347）：古代ギリシャの哲学者。ソクラテスの弟子。『ソクラテスの弁明』『ファイドン』『クリトン』など、約30編の対話編は有名。その二元論的認識論はプラトニズムと呼ばれ、後世に影響を残した。

主にギリシャ語で書かれている。しかも新約聖書のギリシャ語は、プラトン[20]やホメロス[21]のギリシャ語とは違い、コイネー・ギリシャ語[22]で書かれている。これは古典ギリシャ語からかなり変化しており、古典ギリシャ語の知識だけでは新約聖書を読むことはできない。だが、独習用の教材がかなり充実しているので、文法的な知識が曖昧でも、牧師が説教で解説している聖書の句がギリシャ語原典ではどのように書かれているかを、大体理解することができる。だから一番楽に独学で勉強できるのは、新約聖書神学と言っていいだろう。新約聖書をギリシャ語で読むというだけなら、高校3年生レベルの標準的な英語力がある人なら、半年くらいで辞書を引きながら、ギリシャ語の新約聖書を読めるようになる。

そのほかに、聖書神学を助ける補助学がある。たとえば、語学ではヘブライ語、アラム語、それからギリシャ語。さらに聖書考古学がある。例えば、「デナリオン銀貨[23]」という単語が出てきたとする。そうすると、デナリオン銀貨には誰の肖像やどのような文字が刻まれているか、といった知識が必要になってくる。その知識がないと、イエスが論敵に、デナリオン

(21) ホメロス（Homēros）：古代ギリシャの詩人。生没年不詳。『イリアス』『オデュッセイア』の作者とされる。

(22) コイネー・ギリシャ語（koinē）：「共通のギリシャ語」という意味。前4世紀後半、アッティカ方言にイオニア方言の要素が加わって形成された古代ギリシャ語。1世紀後半に記された新約聖書に用いられた。

(23) デナリオン銀貨：古代ローマの通貨。1デナリオンは当時の一日の労賃に相当。

銀貨を見せてみろと言った意味がわからない。あるいは、その1デナリオンが、当時どれくらいの労働に対する対価であったかを調べることなども、聖書考古学の課題なのだ。

歴史神学

2番目が歴史神学だ。歴史神学は、教会史と教理史に分かれる。教会史は教会の歴史であり、教理史というのは教理（教会の教え・理論）の歴史である。

まず、教会史について触れる。教会史はキリスト教と教会の起源と発展を歴史学的に研究する学問である。ただし、ここでいう教会には二重の意味がある。教会とは、カトリック教会、メソジスト教会、長老派教会、あるいはロシア正教会などといったように、個別の教会であるとともに、イエス・キリストを長とする「見えない教会」でもある。神学的に言えば、キリストは教会だけでなくこの世界全体を支配している。だからその意味でも教会史は、一般史と深い関係をもつのである。最近の傾向としては、そのような教会史との関連において教理史を見ていく傾向が強い。

教会史を勉強する時に補助学として必要になってくるのが、全般的な歴史の知識であり、歴史学方法論であり、また文献学である。史料の古文書を見て、これは偽書ではないか、あるいは後世になって挿入された箇所があるのではないか、などといったことを見分ける力も必要になる。

さらに語学の能力も必要だ。語学としては、近代以降のプロテスタンティズムをやる場合であれば、ラテン語、ドイツ語、フランス語（特にカルヴァンを研究する場合）、英語の知識が必要になる。ラテン語は西方教会史を研究するに当たって避けて通れない。正教会の歴史をやるのであれば、ギリシャ語、そして教会スラブ語とロシア語の知識が必要だ。

教理史は、教会によって採択された教理の形成と発展過程を歴史学的手法によって研究する学問である。プロテスタント教会においては、カトリック教会や正教会のように絶対に正しい教義《ドグマ》というものが存在しない。それぞれの教会が自ら正しいと考える教理を持つが、それを絶対的であるとはしない。このことに関しては後で述べる。

組織神学

3番目が組織神学（systematic theology〔英〕、systematische Theologie〔独〕）である。これは一般の人々には聞きなれない名称だと思う。日本語で「組織」と訳しているが、意味からすると「体系」と訳してもいい。では体系神学とは何かというと、こういうことだ。神学思想の中には歴史神学の成果もあり、聖書神学の成果もあるが、そういった諸々の成果をキリスト教の立場から整理し、総合していくのが、組織神学の仕事なのである。よって組織神学というのは、本質的に護教的な性質を持つ。

組織神学は教義学（教理学）と倫理学とに分かれる。場合によっては、宗教哲学が含まれることがある。

「教義」（ドグマ）というのは、「決して変えることのできない絶対に正しい考え」という意味である。カトリックや東方正教は、その意味でのドグマを持っていると自己理解しているが、プロテスタンティズムにおいてはドグマは基本的に存在しない。プロテスタンティズムにおいて、ドグマは「見えざる教会」に帰属しており、神のみが知っているものだからである。われわれが正しいと信じているドグマが絶対に正しいという保証はない。人間の側からは、複数のドグメン（Dogmen、諸教理）が提示されるだけだ。われわれが構築できるのは、その意味で、ドクトリン（教説）にすぎず、決してドグマという形で獲得できるものではない。よって、プロテスタント神学の立場において、教義学（dogmatics〔英〕、Dogmatik〔独〕）は教理学と訳した方がよいのだが、すでに教義学という用語が定着しているので、それに合わせておく。カール・バルトは、自らの主著をあえて『教会教義学』[24]と呼んだ。バルト自身の方法は一つのドクトリンであるが、ドグマへと向かって進んでいくという意志、カントが言うところの統制的な理念としてのドグマを志向しているからである。

プロテスタントの場合、人は「信仰のみ（sola fide）」によって義とされると考えるから、行為を二次的なものだと考える傾向もある。しかし、本来キリスト教に「信仰と行為」という二分法はない。信仰があれば、それは必ず行為に現れるという考え方をする。したがって教義学は、倫理学と同じなのである。道徳は、一般論として「ある行為がいいか悪いか」とい

（24）『教会教義学』（Die Kirchliche Dogmatik）：カール・バルトの主著。「神の言葉」「神論」「創造論」「和解論」から成り、ドイツ語版では13冊、９０００ページに及ぶ。未完。英語と日本語への全訳が刊行されている（邦訳は全36巻）。

うことである。倫理は、「この私がいかに行為するか」ということである。教義学は、決して倫理学から離れない。

実践神学

4番目は実践神学である。実は神学で一番重要なのは実践神学なのだ。これは大雑把に言うと牧師・神父のための神学である。実践神学は、牧会学と説教学とに大きく分かれる。

牧会学というのは、人間関係をケアするための実践的な学問である。アメリカで成立したカウンセリングが日本に入ってくるよりずっと前から、神学部の学生は牧会学の枠内で、カウンセリングに相当するような勉強をしていたのである。神学部の学生がホスピスに行って臨床実習することは、私が神学部の学生の頃からあり、実践神学を専攻する学生はみんな実習に行っていた。

私はいま雑誌『ＳＰＡ！』（扶桑社）に人生相談の連載を持っている。そこでは「本当に人生において苦しい局面にあるならば、近所の教会に行け」ということをよく答えとして書いている。これは冗談ではなくて、本当に有効だと考えるからだ。

読者も、洗礼を受けているかどうかにかかわらず、悩みがあったときはプロテスタント、カトリック、正教に関係なく教会に飛び込むことをお勧めする。どんな教派の牧師や神父でも口は堅い。人の秘密を厳守する訓練を、牧師や神父は徹底的に受けているからである。また、どんなにいやな話、どんなに変な話でも、いちおう最後まで聞く訓練ができている。牧師や神父は心の中で「変な人だなあ」と思っても、職業的良心から、話を最後まで聞いてくれる。だから本当に悩んで死にたいと思ったときは教会に飛び込めばよい。このように、様々な人の悩みをどう受け止めるかを訓練するのが実践神学なのだ。人の生命にかかわる学であるから、その重要性がわかるだろう。

次に説教学についてである。そもそも、説教[25]とは、基本的には聖書の説明である。牧師にもいろいろな人がいて、いつ説教を聞きに行っても同じような人生講話をやっている人がいる。これはその牧師があまり勉強して

(25) 説教：教会で行われる礼拝の中で、牧師や司祭が、キリスト教の教えを会衆に説くこと。聖餐と並んで重要な礼拝の要素。聖餐については44ページの注31を参照。

いない証拠なので、そういう教会に行くことはあまりお勧めしない。

聖書とは神の言葉である。聖書に書いていることが現代においてどういう意味を持つかを説明するのが、説教者としての牧師の仕事なのだ。ところが人間は神ではないから、厳密な意味で神の言葉を語ることはできない。しかし、牧師という立場にある者はそれを語らねばならない。カール・バルトはこれを「不可能の可能性」と呼んだ。これは決してわかりにくいことではない。例えば、自分の子どもを育てるとき、子どもの進路や躾けに完全に自信を持ってものが言えるだろうか。しかし今このタイミングで親として言わなければいけないことがある。「不可能の可能性」というのは、人間生活のなかで日常的にどこにでも存在しているのだ。この「不可能の可能性」に挑むことが、説教学の課題なのである。

それに付随してキリスト教音楽など、さまざまな実践神学の学科がある。

神学は学問たりうるか

神学は実証しうるか

「神学は学問たりうるか」という問いに対しては、「それは学問の定義による」としか答えられない。当然、われわれ神学をやる者は、学問たりうると考えている。

その点、ドイツ語の Wissenschaft が学問本来の意味を最もよく表していると思う。Wissen は「知」という意味であり、-schaft は抽象性、体系性を強調して女性名詞化する接尾語である。この「知」は、理性によって実証可能なものだけではない。それは神学においては半分の意味しかない。理性が適用できない部分においても、人間の知的な営みはあるわけだ。これらを理性によって割り切ったり、合理性によって説明したりすることはできない。

「神学は実証しうるか」という問いに対しても、「実証の定義による」としか答えようがない。

ここにおいて重要なのはシュライエルマッハー[26]だ。シュライエルマッハーは「神学は実証的な学問だ」と言った。彼が言うところの実証性とは、「現実に存在している問題と直面し、向き合っていくこと」である。神学は、現実世界で起きている出来事を一つの知的な物語として受けとめていくことなのだ。だから現実から遊離した形において神学はあり得ない。先ほど述べた「針の上で天使は何人踊れるか」という問いはその意味で実証的でない。神学は現実に人間が直面する問題と関係する。というのは、キリスト教がその本質において救済宗教だからである。人間の救済と関係がない思弁、あるいは人間の実存的部分と関係がないところで行われる「人はこうすべきだ」という道徳的言説は、本来のキリスト教とは関係ない。

そういった意味で神学は実証的なのだが、その実証というのは自然科学における実証とは次元が異なるのだ。たとえ神学に学問的な積み重ねがないとしても、人間の生と向き合い、具体的な生の指針を出すことができる

（26）シュライエルマッハー（Friedrich Ernst Daniel Schleiermacher, 1768-1834）：ドイツの哲学者・神学者、牧師。近代プロテスタント神学の父と呼ばれる。主著に『宗教論』、『神学通論』など。

のだから、神学は実証的なのである。もちろん、ここで「積み重ねがない」というのは、何の積み重ねも進歩もないという意味ではない。そもそも積み重ねが全くない人間の知的営為はない。ただ、論理の上に論理を積み重ねて最終的に一つの結論に収斂し、そうして問題を閉じる、という帰結の仕方をしないということだ。神学は、「旅人の神学[27]」という本質的な性質を持っているから、暫定的な結論しか出すことができない。それがめぐりめぐって、何百年ごとかに同じ問題が再浮上しているのである。

神学と信仰との関係

ここで神学と信仰の関係が問題となってくる。この両者は相互に補完する関係にある。その意味では、神学はたいへん保守的な学問であり、キリスト教信仰のための「御用学」とまで言い切っていいだろう。信仰から切り離された中立的な神学などありえないし、神学はそれぞれの教会の考え方に基づいた護教的立場にある。

ここで、信仰共同体としての教会をどのように位置づけるかということ

(27) 旅人の神学（Theologia viatorum）：神学の性格をあらわす言い方。神学は、その時々の時代状況の中を旅しつつその思索を深めていくが、なおかつ終末の日までは暫定的な認識に留まるのだ、という自覚を表している。

が問題になってくる。「目に見える教会」、すなわちカトリックのようなヒエラルキーの教会や、正教のような神秘の中にある教会と言った場合と、「見えない教会」と言った場合とでは、意味が全く違ってくる。ここで言うのは「目に見える教会」という意味での教会だ。

私は現在、日本基督教団(28)に属しているが、元来は日本キリスト教会(29)に属していた。どちらにしても長老派・改革派教会(30)の流れである。したがって聖餐(31)に対する考え方においては、正教会やカトリックのように実体変質説(32)をとらないし、またルター派教会のように共在説(33)(混有説)もとらず、改革派の伝統的立場である象徴説(34)をとっている。

これは、自分と異なる見解を排除するということではなく、むしろ、神学は自らの教派的出自に捕らわれるものなのだ。そういう考え方に踏みとどまる人たちがまっとうな神学者なのである。

モナド論(35)を唱えた18世紀の哲学者ライプニッツは、「モナドには互いに出入りする窓はない」と言った。一つ一つが独立した完全な世界を表すという意味で、モナドは神学学派の構成と同じである。だから、現に在る教

(28) 日本基督教団：日本における最大のプロテスタント合同教会。1941年、国家による圧力が主因となって、約30のプロテスタント系教会が合同して創立した教団。第二次大戦下では戦争協力した。「教団」と略称される。

(29) 日本キリスト教会：明治期に成立、植村正久らの指導のもとに日本基督教会として活動。戦時下、教団に統合されるが、戦後、一部の教会が離脱して再び成立した。

(30) 改革派教会（Reformed Church）：ルター派に対してカルヴァン派を指す呼称。組織としては長老派をとる。

(31) 聖餐：パンとぶどう酒をキリストの血と肉として会衆が分かち合う儀式。パンとぶどう酒の捉え方は各教派によっ

派の伝統から離れて、抽象的な、価値中立的な形でのエキュメニズム[36]の神学が成立するという考えは完全に誤っている。

神学のない信仰は危険

神学のない信仰ももちろん可能である。実際、神学に向かうのではなく、異言やカリスマ運動に向かうタイプのキリスト教がある。もちろん、彼らが本当に心底信じているのならば全く問題はない。しかし異言やカリスマ運動を行う動機が、仮にその共同体の中で評価されたいということだとしたら、その信仰は本末転倒だし、その共同体は病的だと考えていい。信者の行動がはたして信仰に基づくものか、あるいは社会的評価に基づくものかは、その人の心の中をのぞいてみなければわからない。もし後者なら、その宗教がマルクスの言う「民衆のアヘン」としての宗教[37]である可能性を含んでいる。

そもそもカリスマ運動を20年以上やっているような信者を私はほとんど見たことがない。そういう運動は、どこかで無理をしているのではないだ

て異なる。

(32) 実体変質説：聖餐式では、見かけはパンとぶどう酒でも、聖別された時点で、キリストの体と血にその実体が変化すると解釈する。カトリックや東方正教会で採択。

(33) 共在説／混有説：ルター派がとる聖餐論上の立場。カトリックの実体変質説やツヴィングリの象徴説に対するもので、両者の中間の立場。「キリストの真の体と血は、パンとぶどう酒の〈中に〉〈共に〉〈下に〉実在する」と考える。

(34) 象徴説：ツヴィングリ派がとる聖餐論上の立場。聖餐におけるパンとぶどう酒はキリストの血と肉の象徴にすぎないという立場。

(35) モナド論：ライプニッツの形而上学説。宇宙はモナドに

ろうか。無理は長続きしない。ファンダメンタリズム（原理主義）系の教会に行くと、一見いつも繁盛しているように見えるが、信徒の出入りはたいへん激しく、定着する人はあまりいない。

キリスト教は、人々を依存させる「民衆のアヘン」ではなく、自立させるための宗教なのだ。その基本的な考えは次のとおりである。

人間は本来、神の似姿《にすがた》である。しかしこの世では、さまざまなものに依存し、囚われている。そこで神は、人間が本来の自由をとりもどすために、自らのひとり子を世に送った。しかもそのひとり子は、天上のすばらしい場所から、世の最も低い、悲惨な場所に送られた。その場所で、イエスと人格的なふれあいをもった人たちに何かが起きた。それが奇跡である。

ただ、イエスの教えは元来、譬《たと》えのような文学的表現で伝えられていたけれども、いつしか教理という理論的な言語によって保存されるようになったので、われわれはイエスの信仰のリアリティを類比で捉えるしかないわけである。

伝統的なプロテスタント教会が、原理主義系の教会や、モルモン教、統

よって構成されており、宇宙の相互対応関係は神による予定調和であるとする。単子論とも。

(36) エキュメニズム（Ecumen-ism）：キリスト教諸派の相互理解と宣教における協力を目的とする教会一致運動。

(37)「民衆のアヘン」としての宗教：マルクスは初期の著作『ヘーゲル法哲学批判序論』において、「宗教は、逆境に悩める者のため息であり（中略）、民衆のアヘンである」と書いた。これは親友であったハインリヒ・ハイネの著作からの引用とも言われ、マルクス自身は、宗教そのものを否定したのではなく、政治権力と結びついたキリスト教が民衆の不満を逸らして支配を保つ役割を果たしていることを批判したの

一教会などを、既成のキリスト教の基準に基づいて批判するのは簡単である。しかし、本当の問題は、そこにイエス・キリスト以外の救い主が出てくることなのだ。モルモン教では、ジョセフ・スミス[38]が限りなく救世主に近い位置を占めている。統一教会では、文鮮明[39]が救世主そのものだ。これらキリスト教系新宗教に対してキリスト教徒が抱く違和感の理由は、モーセの十戒[40]の第一戒[41]に反するということである。

しかし、これと同じ事態は、既成のキリスト教会の中にもある。牧師や神父の権威主義や囲い込みがあまりに甚だしければ、第一戒に反しないかと、キリスト教の内側から批判しなければならない。そうした危機は、キリスト教の初期から懸念されてきた。唯一の神の啓示の立場から教会自身を絶えず批判していくこと、これも神学の重要な機能のひとつである。

そもそも、ある程度学問的な訓練を受け、さらに自然科学的な世界観を受け入れている現代人が、まったく神学的な操作なしに信仰を保ちうるだろうか。もしそれができるなら、教会学校[42]や聖書研究会、カテキズム[43]教育も必要なくなる。どんなに素朴な形態であっても何らかの神学的な作業が

だとも解釈される。

(38) ジョセフ・スミス(Joseph Smith, 1805-1844):モルモン教の創設者。

(39) 文鮮明(Moon Sun Myong, 1920-):韓国の宗教指導者。統一教会を創設者。

(40) 十戒(Decalogue):神がモーセを通してイスラエルの民に与えた10の戒め。

(41) 第一戒:十戒の第一の戒め。「わたしのほかに、なにものも神としてはならない」。偶像崇拝を禁止し、唯一神への信仰を求める。

(42) 教会学校:主として児童を対象に行う教会の宗教教育活動。日曜学校またはCS(Church School)とも呼ばれる。

(43) カテキズム(catechism):キリスト教の教えを平易に説いた書物。問答体が多く、「教

必要とされるのだ。神学のない信仰は理論的には可能でも、実際にはありえない。

信仰のない神学はありえない

信仰のない神学は、完全な語義矛盾である。「神」を信じていないのに、「神が存在する」という神学的命題を主張するのは、はなはだ不誠実だからだ。信仰がないところにおいても宗教学[44]やキリスト教学[45]は成立するが、神学は成立しない。神学は根本において信仰に基づいた学である。

ただ、逆説的に、反信仰的な立場からの神学は存在するのである。たとえばフォイエルバッハ[46]やマルクス[47]のような形態の神学が存在する。これらは徹底した人間学である。ただし、フォイエルバッハが言うところの人間は、理想的な人間、到底現実世界に存在しないような人間なのだから、神と言い換えても同じである。無神論の神学というものは成立するし、これまでの神学史の中にも多く見られた。また宗教批判、反神学という名の神学もまた存在する。要するに神学というのは、順接でもいいし、逆接でも

理問答」などと訳される。

(44) 宗教学：宗教現象を研究する学問。宗教心理学、宗教社会学、宗教民族学、宗教史などの分野がある。神学のように、特定の宗教への信仰を前提としない。

(45) キリスト教学：キリスト教を対象とする学問。これも神学のように、特定の宗教への信仰を前提としない。

(46) フォイエルバッハ（Ludwig Andreas Feuerbach, 1804-1872）：ドイツの哲学者。ヘーゲル左派の一人。自らの哲学を「人間学」と呼んだ。主著『キリスト教の本質』。

(47) マルクス（Karl Heinrich Marx, 1818-1883）：ドイツの経済学者、哲学者、革命家。「宗教はアヘンである」という言葉は有名。主著『資本論』。

いいわけである。

いずれの場合においても、「イエス・キリストによって証しされたところの神が、われわれの救済の根拠である」という結論に帰着するものであれば、それが究極的には神学なのだ。よって、信仰的でも反信仰的でもない中立な立場からの神学というものはやはり存在しえない。この中立という概念自体が、近代以降に発明されたものだからである。しかも、この中立は理性によって判定された中立なのである。この理性というものの効力自体を疑うこともまた神学の仕事の一つなのだ。

神学と人文社会科学との関係

プロテスタンティズムにおける最初の組織神学と言えるのは、1559年に最終版が出版されたジャン・カルヴァンの『キリスト教綱要』[48]である。この著作はキリスト教の牧師や神学者、あるいは信徒でないかぎり日本ではあまり読まれてこなかった。だが、例えばマックス・ウェーバーの『プロテスタンティズムの倫理と資本主義の精神』[49]、特にタイトルの前半部分

(48)『キリスト教綱要』(Christianae religionis institutio)：カルヴァンの主著。神論、キリスト論、聖霊論の枠組みの中で、宗教改革の基本的な教理を系統だって論述している。

である「プロテスタンティズムの倫理」を理解するためには、カルヴァンの『キリスト教綱要』を読まないと意味がわからない。

カルヴァンと言えば、まずは予定説(50)のことを思い浮かべるだろう。人間が救済されるか否かは、その人間の資質や功績には関係なく、あらかじめ神が予定しており、天上における神のノートに書かれているという思想である。この考え方は、日本の国体論との比較においても興味深い部分がある。高天原には秩序があり、それが地上の秩序と対応しているという発想は、『キリスト教綱要』における神の国の発想と非常に似ている。

革命の思想を理解するためにも、カルヴァンは大きな意味を持ってくる。たとえばジュネーヴという都市国家には、プロテスタンティズム革命を世界に輸出する機能があった。その意味でレーニンのボルシェビズム（ロシア共産主義）もまたカルヴァン主義の亜流と言っていい。ちなみに、現在アルカイダがやろうとしている、アフガニスタンに拠点国家を作り、そこから全世界にイスラーム原理主義革命を輸出しようとしている発想の原型も、実はカルヴァンの思想にある。このように政治思想を知る上において

(49)『プロテスタンティズムの倫理と資本主義の精神』：マックス・ウェーバーの主著の一つ。20世紀初頭に出版される。近代資本主義の成立に、プロテスタンティズムの世俗内禁欲があったという逆説的な論理を展開。

(50) 予定説：救済における人間側の要素を徹底的に否定し、一切を神の主権に基づかせる。その眼目は神の恩寵を賛美することである。聖書に既にその思想があるが、アウグスティヌスが確立した。カルヴァンが特に強調したため、その後の神学に強い影響を与えた。

も、カルヴァンを一通り読んでおくことは、非常に有益なのである。

ところで、ハイデッガー(51)も、最初は神学を専攻していた。ハイデッガーがやったこととバルトがやったこととは限りなく近い。もっと言うと、バルトのような優れた学者が神学の領域で先行して思索を行っていたから、ハイデッガーは神学を研究しないで、むしろ哲学の方に行ったと見てもいいだろう。西田幾多郎(52)は、このあたりの事情に非常に通暁しており勘がよかった。当時、九州帝国大学文学部の学生で、西田幾多郎の影響を強く受けた滝沢克己(53)という青年がいた。この滝沢が、ドイツの官費留学生試験に合格する。それで京都の西田を訪ね、マールブルク大学で教鞭をとっているハイデッガーのもとで勉強したいと相談した。すると西田は、ハイデッガーのところに行くよりも、ボン大学のカール・バルトのところに行った方がいいとアドバイスするのである。「カール・バルトのところで、弁証法神学を勉強した方が、人間の存在の根底の問題についてより深く探究できる」と。それで滝沢は、ボンに行くわけである。そして、研究成果として『カール・バルト研究』という大きな著作を書く。

(51) ハイデッガー(Martin Heidegger, 1889-1976):ドイツの哲学者。ディルタイやフッサールの影響のもとに、独自の現象学、解釈学を発展させる。主著『存在と時間』。

(52) 西田幾多郎(1870-1945):日本を代表する哲学者。田辺元らと京都学派を形成。東洋思想の絶対無を思想の根底に置き、それを体系化させ西洋哲学と融合させる西田哲学を樹立した。主著『善の研究』。

(53) 滝沢克己(1909-1984):日本の哲学者、神学者。仏教とキリスト教との対話においても功績がある。バルトに師事。主著『カール・バルト研究』。

ちなみに、滝沢克己の思想は現代でも非常に意味がある。たとえば、拙著『テロリズムの罠　右巻——忍び寄るファシズムの魅力』（角川学芸出版、2009年）の中で、滝沢克己の『「現代」への哲学的思惟』（三一書房、1971年）という著作について触れている。この本の中で滝沢は、「不安と恐慌」という章を書いている。その視座から現状を見るとこうなる。リーマン・ブラザーズの危機以降起きている現象の本質は、実は不安が形をとったことなのだ。「人間の不安というものは一体どこから来るか」。不安と恐怖は違う。目の前でライオンが大きな口を開けたらこれは怖いのだから恐怖なのである。不安というのは対象がはっきりしない。「不安は一体何に対して持つのか」。ハイデッガーやバルトたちはこの問題に正面から取り組んだのだ。そして滝沢もこの問題に取り組んだ。

人間はたいてい、日常的には死ぬということを意識していないだろう。しかしわれわれは確実に死ぬ存在である。そのことを意識した瞬間に、われわれの中に不安が生じる。

例えば資本主義システムは、あたかも永遠に続くように見えるが、このシステムにも確実に死があるのだ。資本主義システムの死とは何か。それは恐慌である。今すぐに恐慌が起きるかもしれない、ということによって不安が生じる。生じた不安を何とか回避しようとして、戦争が起こるのである。これは１９２９年の世界恐慌以降と同じケースである。こうした根源的な洞察というのが、神学の力を借りると可能になってくる。

ところで、神学部の学生と一番仲が悪いのは、たいてい文学部哲学科の学生である。神学と文学、あるいは神学と哲学というのは、一見近いように見えるが、私たち神学部出身の人間から見ると、一番遠い学問なのである。私が神学部の学生のころ、３年次に進む際に神学部から文学部哲学科に転部する学生がいたが、転部した翌日から、みんな口をきかないということもよくあった。それからまた、哲学科の学生で学生運動の活動家をやっている学生もいたが、いつも悪い目つきでわれわれ神学部の学生を見ていた。それは哲学と神学とのあいだに長く続いている近親憎悪なのである。神学は哲学と異なる視座をとる。われら神学をやっている学生からすると、哲学も文学も実学である。まったく意味がなくて、まったくこの世のことに「役に立たない」のが神学の特徴なのである。こう言いきってしまうと、神学部の先生たちに怒られるかもしれないが、私は、「現実に直接、役に立たないが故に、根源的なところで役に立つ」という神学の逆説を確信しているのである。

非キリスト教徒にとっての神学

「教会の学としての神学」か「公共神学か」

近年、神学の世界では、「神学は教会の学か、公共の学か」という議論がなされているが、まず、教会と公共性というものを二項対立にすること自体が間違っている。

教会はもとより公共圏にある。しかし、あえてこの二項対立にのっとるならば、教会の学として以外に神学はありえない。そこにおいて、まっさらな立場の公共性の神学を主張する人は、思考が不十分であるか、不誠実であるか、あるいはその双方が交ざり合っているかのいずれかである。いずれにしても、「公共神学」の立場は神学の視座から却下される。どうしても公共性の場において宗教や神について論じたいならば、宗教学や宗教社会学、宗教哲学においてやればいいのであり、特に神学である必要はない。

そもそも、「神学は教会の学か、公共の学か」という議論が成り立つのは国教会がある国においてである。よって日本においては、「教会か公共か」という二分法自体がはじめから成り立たない。このような間違ったテーマ設定については、議論の入り口のところで却下しておかなければならない。

日本においては、キリスト教徒自身が、教会を私的領域と考えてしまっている。教会は私的領域ではない。もしそうなら、教会など必要なく、家庭礼拝さえしていればいいのである。教会はそもそも最初から社会の中に存在しているし、この世に宣教する使命を帯びているのだから、公共的存在なのである。

また「神学が教会の学である」と言う場合においても、神学は神学部の教授と教会の牧師のためだけにある閉ざされた学問だということを意味しない。

そもそも日本の牧師はあまり神学的訓練を受けていないし、コイネー・ギリシャ語をどれほど読めているか怪しい。プロテスタントの牧師がラテン語、ヘブライ語を習得していると自称していても、私の経験からすると、その信憑性は限りなく低い。こうした現実の中、あまり自分に自信がない牧師たちが自らの権威づけをするために、神学を囲い込んで、「牧師だけが独占する教会の神学」などという、誰のためにもならない遊びをやりはじめるのである。このような悪しき伝統を制止してこなかったから、日本においてキリスト教が「斜陽産業」になりつつあるのだ。元来神学が有していた、「地の塩」としての批判機能が失われてくると、神学自体が弱ってしまう。

教会の牧師だけに限定されないという意味においてならば、神学は一般に開かれた公共の学であるともいえる。しかし、現在日本基督教団の中で言われている議論のコンテキストにおいては、やはり教会の学なのである。

例えば、ジョン・マッコーリー[54]やハンス・キュンク[55]などは見方によっては信徒神学者である。日本においては滝沢克己が信徒神学者である。滝沢神学のインマヌエルの原事実[56]は、汎神論[57]的で、滝沢自身は教会の洗礼を受けているものの、伝統的な既成の教会神学の枠から大きくはみ出しておりたいへんユニークな神学者である。私の理解するところでは、滝沢は、バルト神学とは正反対を向いている神学でもある。

たとえばジョン・ヒック[58]の宗教多元主義[59]のような立場がある。近年では、エーバーハルト・ユンゲル[60]の神学が多元主義的になってきている。しかし、教理としてはキリスト教に優越性を持たせるものの、表象として表れるキリスト教を諸宗教と並立にして考えるというのは、トレルチ[61]がすでにやっており、19世紀のプロテスタント神学がカバーしている傾向であり、大した新しさはない。むしろ歴史主義的反復だと思う。

キリスト教は、人間の側から見ると他の諸宗教と並立している。それを神の側から見るとどうなるかということへの想像力が、神学を可能にする。並立主義において怖いのは、フラットといいながら、判定基準が自分自身

(54) ジョン・マッコーリー（John Macquarrie, 1919-2007）：聖公会を代表する組織神学者。著作に『平和のコンセプト』など。

(55) ハンス・キュンク（Hans Küng, 1928-）：スイスのカトリック神学者。教皇の不可謬性を否定したことにより、バチカンの教理聖省からカトリック神学部での講義を禁じられ、テュービンゲン大学プロテスタント神学部で教えた。したがって晩年は信徒神学者となった。主著に『教会論』。

(56) インマヌエルの原事実：インマヌエルとは「神が共にいる」の意。滝沢は、これこそ人間にとっての根源的事態だと考えた。

(57) 汎神論：いっさいの存在は神そのものであり、神と世界とは一体のものであるとする

にあり、自己神格化がおきてしまっているような神学である。そういった矛盾を、神学は然るべく批判しなくてはならない。

非キリスト教徒の神学は可能か

非キリスト教徒の神学は可能である。前述したようにマルクスやフォイエルバッハの神学を非キリスト教徒の神学と認めることができる。ただし、非キリスト教徒の神学は、逆説であり、反転している。もう一度それを反転するとまっすぐな神学になる。

キリスト教徒が気をつけなければならないのは、無神論やキリスト教以外の諸宗教の脅威ではない。むしろキリスト教という名称の中に入っている無神論、キリスト教という名称の中で行われている人間中心主義、キリスト教を騙った本質的に非キリスト教的なものなのである。こういったものを神学の視座から警戒しなければならない。

ルター[62]も、「神の義（justitia dei）に反するアンチキリスト[63]は、いつも悪の仮面をして現れる」のではなく、義人の顔をして現れる、と言っている。

宗教観。

（58）ジョン・ヒック（John Hick, 1922-）：イギリスの宗教哲学者、神学者。宗教多元主義の主唱者。主著に『宗教多元主義』。

（59）宗教多元主義：自分と異なる宗教を否定せず、お互いの価値を認めながら共存していこうとする宗教的態度、思想。ジョン・ヒックの提唱によって知られる。

（60）エーバーハルト・ユンゲル（Eberhard Jüngel, 1934-）：ドイツのプロテスタント神学者。主著『死――その謎と秘義』『神の存在』。

（61）トレルチ（Ernst Troeltsch, 1865-1923）：ドイツの哲学者、神学者。教義学の立場からはキリスト教の絶対性を支持し、歴史学の立場からはその相対われわれには時として、「それが神の義なのか、アンチキリストなのか」がわからない時がある。

私は、神学的論理構成において圧倒的な知性と精密さを誇ったフリードリヒ・ゴーガルテン(64)ではなく、カール・バルトやディートリヒ・ボンヘッファー、そしてヨセフ・フロマートカを神学の規範とする。なぜなら、ゴーガルテンはナチ・ドイツの文脈の中で、アドルフ・ヒトラーを神の啓示と同一視した「ドイツ的キリスト者(65)」を支持したからである。

共産主義はその根本において、キリスト教を否定している。だから共産主義を支持する牧師や神父がいたとしても、それは教会によって大した脅威にはならない。それは政治的な支持であり、誰もが、共産主義が無神論であり、キリスト教と敵対していることを知っているので、警戒することができるからである。現実に即して言うと、共産主義はキリスト教を完全に否定したわけではない。

これに対してアドルフ・ヒトラーの場合は、「ドイツ的キリスト者」の姿をとって、「われわれはキリスト教徒の味方である」という顔をしてや

性を容認した。主著『歴史主義とその諸問題』。

(62) マルティン・ルター(Martin Luther, 1483-1546):ドイツの宗教改革者。聖書のドイツ語翻訳、また「信仰のみ」(sola fide)の福音主義思想、万人祭司主義で知られる。主著に『キリスト者の自由』。

(63) アンチキリスト(Anti-Christ):キリストの敵の意。世界終末に際して、教会を迫害したり、世を惑わす偽預言者や悪魔などをいう。ニーチェは、その著『アンチキリスト』においてキリスト教倫理を批判した。

(64) フリードリヒ・ゴーガルテン(Fridrich Gogarten, 1887-1967):ドイツのプロテスタント神学者。弁証法神学の立場をとったが、その後、親ナ

ってきた。ナチスはカトリック教会には敵対したが、プロテスタント教会を取り込もうとしたわけである。さらに、純粋なアーリア人のための教会という神学を構築しようとした。ナチズム[66]はその本質においてニヒリズム[67]であるが、プロテスタンティズムの仮面をかぶって、キリスト教を利用しようとしたわけである。まさに、神の名を騙《かた》る無神論だった。

現代ヨーロッパにおいて、文化プロテスタンティズムという思想が根強く存在する。これは、「キリスト教徒は、高等教育を修め、家庭を大事にし、ちょっとした財産を持ち、人に迷惑をかけない、またそうあらねばならない」という思想である。したがって革命思想のような乱暴なものには与しないし、ゲイの人たちが教会に来ていたりすると、いかがわしい者として排除するのである。しかし皮肉にもこれは「ドイツ的キリスト者」と同じである。排除というのは、基本的に教会においてありえない。仮に排除するとすれば、それはわれわれ人間の機能ではなく、神の機能なのである。これは予定説とも大きくかかわってくる。この問題に関しては佐藤敏夫が正しい解釈をしている。「聖書には、選ばれた者については書かれて

チスの「ドイツ的キリスト者」に加わった。ハイデッガーの影響を受け、世俗化の神学を唱える。主著『われは三一の神を信ず』。

(65)「ドイツ的キリスト者」(Deutsche Christen)：キリスト教をナチズムと結合し、第三帝国の精神的支柱にしようとしたアーリア民族的キリスト教。キリスト教から旧約聖書、パウロ書簡、アウグスティヌスの原罪説など、ユダヤ的あるいは反ゲルマン的要素を排除した。

(66) ナチズム：ヒトラーが率いたナチ党（国家社会主義ドイツ労働者党）の理念および運動。指導者原理、全体主義、偏狭で排他的な民族主義などを特徴とする。

(67) ニヒリズム：既成の価値体

いるが、選ばれない者については何も書かれていない」と。「選ばれない者」に対してわれわれが言えるのは、「わからない」ということだけである。決して裁いてはならないのだ。

　非キリスト教徒ということならば、イエスはおそらく、自分がキリスト教徒だという意識を持っていなかっただろう。最後までユダヤ教徒であると思っていたわけである。パウロはそのイエスに直接会ったことがないのだが、ダマスコ途上での回心によって、イエスをキリスト、救い主であると確信するようになった。そこからクリスチアノイ（χριστιανοι、cristianoi＝キリストに属する者）、すなわちキリスト教徒という概念が成立したのである。

　誰がキリスト教徒かという議論は尽きないが、キリスト教は、「イエス・キリストが救いである」というところから、「イエスは救いである」というところまで、範囲を広げてもいいのかもしれない。これは、ユニテリアン[68]にまでキリスト教徒の範囲を広げるということである。ユニテリアンは、イエスを偉大な教師であるとするが、その神性は認めない。ただし、イエ

系や権威をすべて否定する立場。

(68) ユニテリアン（Unitarian）：プロテスタントの一派。三位一体説に反対し、イエスの神性を否定して神の単一性を主張。

スを救い主だとは考えているので、彼らにまでキリスト教は幅を持たせるべきだと思う。そうするとキリスト教はユダヤ教とあまり変わらなくなってしまうが、キリスト教とユダヤ教は本質的には近いと私は考えている。

キリストの福音から教会が離れてしまう危機はいつの世にも存在する。こうしたシンプルなことが、現実においては難しいのだ。ただ、「イエス・キリストのみが救い主である」というギリギリのラインを、教会が集合的に保っていくべきなのである。バルトが言っているように、イエス・キリストという名に触れない形で、キリストの使信を受け止めていくことは理論的には可能であるが、現実的には不可能である。

人は誰もが何かを信じている

人間はその本質において何かを信じる存在である。全く何も信じていない人というのは、人間として存在しえない。例えば現代日本において、大多数の人間が信じているものは貨幣である。これがもっとも力を持つ宗教である。そしてこの「貨幣の宗教」に準ずるのが、「国家権力という名の宗教」である。この場合、貨幣や国家、権力を信仰するということと、特定の宗教を信仰するということの間に本質的差異はない。もっとも強力な宗教は、まるで空気のように感じるものだ。その存在があたり前なので宗教という意識をもたないのである。例えば、戦前の国家神道というものは、あまりにも強力であった。それがために宗教と呼ばれなかったのである。

キリスト教徒が警戒しなければならないのは、慣習になってしまっており、もはや疑問をさしはさむ余地のないような常識である。

極めてシンプルに考えてみよう。例えば一万円札をつくるのには数十円しかかからない。しかしなぜ数十円の価値しかないものに一万円の購買力があるのだろうか。こういったことを普段疑う人はそうそういない。しかしある状態になった時に、貨幣というものはその価値を失なう。例えば、恐慌、大津波や大地震などの天災、そして戦争においてである。「貨幣という宗教」は、脆い地盤の上に建てられた「マモンの宗教」[69]である。

つまるところ、キリスト教徒から言わせると、「すべての人間は何かの宗教の信者」なのである。問題はそれがキリスト教信者か偶像崇拝者かの

(69) マモン(mammon):富の魔力が人格化された表象。邪神。強欲の化身。「あなたがたは、神と富(マモン)とに仕えることはできない」(マタイ福音書6章24節)を参照。

二者択一ということである。キリスト者は意識的に偶像崇拝を避けなければならない。

例えば、キリスト教に多大な関心を持ちながらも、「イエス・キリストが、最終的な救済の根拠である」ということをどうしても信じられず、洗礼を受けられない人も数多くいるだろう。こういう人たちはそれだけ誠実に信仰と向き合っているのだから、大きな枠組みの中で言うならば、やはりキリスト教の使信の中にあると言ってよいのである。

日本人にとってのキリスト教神学

なぜ日本人がキリスト教神学を学ぶのか、という疑問が生じるだろう。しかし、ここでは「日本人が」という主語は、問題の本質と関係ない。結局のところキリスト教で問われるのは、神と自分との関係であり、そこでは国家や民族を超えた普遍的な救いが問題なのだ。

ここで言う神学を哲学に置き換えることはできない。というのも、哲学には啓示がないからだ。哲学は、人間の内側にある理性において論理展開する。それに対して神学の「本当の智慧」（フォクマト）は外側からもたらされるのである。この意味において、神学は哲学から最も遠い学である。神学は哲学的な推論の仕方などを道具として使うことはできる。しかし、神学の出発点に哲学を置くことはできない。「哲学は神学の婢[70]」という格言のように、哲学は神学にとっての補助学なのである。

補助学としてなら仏教学も役に立つ。例えばバスバンドゥ[71]が提唱したと言われる唯識という教説によれば、一切の対象は心の本体である識によって映し出されたものであり、識のほかに実在するものは一切存在せず、人間には人間の根源のところで蓄積されているアーラヤ識があるということになる。こういう考え方というのは、ユング心理学にも共有できる部分があるし、カバラの知恵、ひいてはキリスト教神学と共通するのである。ここにフロマートカが言うところの「もっとも深い底」という問題がある。ある神学思想に通ずると、それによってキリスト教以外の諸宗教もまた理解できるようになる。そういった意味においても、神学はやはり「役に立つ」のである。

（70）「哲学は神学の婢」（"Philosophia ancillia Theologiae"）：中世ヨーロッパにおいて神学が最高の学問であったことを示したトマス・アクイナスの言葉。

（71）バスバンドゥ（Vasuban-dhu, 320?-400?）：インドの大乗仏教の僧。兄の無着とともに唯識論を説いた。主著『倶舎論』。世親ともいう。

中田　考〈教授〉古典イスラーム学、現代イスラーム地域研究
関谷直人〈教授〉実践神学、ターミナルケア
四戸潤弥〈教授〉日本におけるイスラーム受容史
手島勲矢〈教授〉ユダヤ教、その文化・思想・言語の研究
富田健次〈教授〉イスラーム学、シーア派研究

④学部入学定員

60 名

⑤大学院入学定員

博士前期課程　20 名
博士後期課程　5 名

⑥神学部連絡先（住所、電話番号、ウェブサイト、メールアドレス）

〒 602-8580　京都府京都市上京区今出川烏丸東入
電話：075-251-3330 ／ファクス：075-251-3072
http://www.d-theo.jp
ji-sinjm@mail.doshisha.ac.jp

⑦佐藤優からのコメント

アメリカ宗教史の森孝一教授、ユダヤ学の手島勲矢教授、イスラーム研究の中田孝教授など国際的に著名で、ユニークな教授陣を揃えている。教授たちに食いついていけば、人生にとって有益な知恵を吸収できる。

上は旧神学館（クラーク館）、
右は著者が学んだ現神学館

佐藤優の母校、自由尊重の学風

同志社大学神学部神学科
同志社大学大学院神学研究科
（博士前期課程／博士後期課程）

①沿革・概要（1．発足年、2．母体教派、3．学生数）

1．1875年

2．日本基督教団（プロテスタント諸教派の合同教会）

3．373名

②特徴

キリスト教を中軸としてユダヤ教・イスラームという三つの一神教を徹底した少人数教育で本格的に学べる画期的な教育体制。世界で唯一の「一神教学際研究コース」があり、「文明の共存のためのスペシャリスト」養成を目指す。新島襄がめざした「学生を信頼してその自由を尊重し、自治・自立の人材を育成していこうとする教育」の伝統が脈々と受け継がれている。

③専任教員一覧

アダ・タガー・コヘン〈教授〉ユダヤ学、オリエント思想

越後屋朗〈教授〉パレスチナ考古学、旧約聖書学

原　　誠〈教授〉日本とアジアのキリスト教史

石川　立〈教授〉新約聖書、その霊性と言葉の研究

小原克博〈教授〉キリスト教思想、比較宗教倫理学

三宅威仁〈教授〉宗教社会学、近・現代の宗教哲学

水谷　誠〈教授〉近代ドイツのプロテスタント神学思想史

森　孝一〈教授〉アメリカ合衆国とその宗教史の研究

本井康博〈教授〉日本キリスト教史、新島襄

村山盛葦〈助教〉新約聖書とその周辺世界の研究

焼山満里子〈常勤講師〉新約聖書学

小泉　健〈常勤講師〉説教学、礼拝学、牧会学

④学部入学定員

25 名

⑤大学院入学定員

修士課程 30 名（聖書神学 15 名／組織神学 15 名）

博士課程 10 名（聖書神学 5 名／組織神学 5 名）

⑥大学連絡先（住所、電話番号、ウェブサイト、メールアドレス）

〒 181-0015　東京都三鷹市大沢 3-10-30

電話：0422-32-4185 ／ファクス：0422-33-0667

http://www.tuts.ac.jp

kyoumuka@tuts.ac.jp

⑦佐藤優からのコメント

牧師、伝道者の養成を主目的とするが、神学的研究水準も高い。特に組織神学ではトレルチ研究で著名な近藤勝彦教授、神学だけでなく哲学への造詣も深い神義論の専門家である芳賀力教授が優れた業績を発表している。

東京神學大學
Tokyo Union Theological Seminary

伝道者養成の使命に集中

東京神学大学神学部神学科
東京神学大学大学院神学研究科（修士課程／博士課程）

①沿革・概要（発足年、母体教派、学生数）

1．1943 年

2．日本基督教団（プロテスタント）

3．119 名

②特徴

日本で数少ない神学専門の単科大学。日本のプロテスタント教会を代表する日本基督教団の神学教育機関として、教会などに仕える牧師、伝道者を育成することを使命としている。日本基督教団立の神学大学だが広く全教会のために門戸を開いている。大学院神学研究科も並立しており、学士、修士、博士の学位が取得可能。

③専任教員一覧

近藤勝彦〈教授〉　教義学、キリスト教倫理

山口隆康〈教授〉　説教学、礼拝学、牧会学

芳賀　力〈教授〉　教義学、神義論

大住雄一〈教授〉　旧約聖書、法研究

棚村重行〈教授〉　教会史、教理史

関川泰寛〈教授〉教会史、教理史

朴　憲郁〈教授〉　キリスト教教育

神代真砂実〈教授〉　教義学、カール・バルト研究

小友　聡〈教授〉旧約聖書、ユダヤ教学

中野　実〈教授〉新約聖書、史的イエス研究

W. ジャンセン〈准教授〉カウンセリング

2　私の神学生時代

同志社大学神学部

私がキリスト教主義大学である同志社大学出身で、それも神学部で学んだことは、私の人生において大きな意味を持っている。おそらくそれなしに私の人格は形成されなかったと言ってもよい。私の思想の基点となっている神学部がどのようなところであり、また社会においてどのような機能を果たしているのか、場所《トポス》としての神学部について述べたい。

私は浪人生のとき、同志社の神学部に関心をもって募集要項をとりよせた。それを見ると、卒業生の主な就職先の欄に全く印がついていないのである。しかし、毎年40人くらいは実際に入学しているわけだ。大学院に進学するのは6、7人で、卒業する学生は十数人くらいしかいない。あとはどこに行ってしまったのかというと、退学してしまったのだ。

同志社大学神学部には、本当に優秀な学生は卒業しないで退学するという風潮が随分と昔からあった。徳富蘇峰(1)も中退だったが、マルクスの『資本論』を一番最初に訳した高畠素之(2)という、私の尊敬する国家社会主義者もそうだった。『山谷ブルース』をつくった岡林信康もそうである。しっ

(1) 徳富蘇峰 (1863-1957)：日本のジャーナリスト、評論家。同志社中退後自由民権運動に参加。後に民友社を設立。

(2) 高畠素之 (1886-1928)：日本の社会思想家。同志社中退後、売文社に入社し、マルクス主義の紹介に努めた。1924年、『資本論』の全訳を日本で初めてなし遂げた。

かりした人は中退するのが同志社大学神学部の伝統なのである。

しかもそのことを、神学部の教授が一番最初のオリエンテーションで言うのだ。「この神学部は、優秀な成績で学部を卒業するような人じゃなくて、中退するのがしっかりした人ですからね」と。正直、私は「けったいな学校だなあ」と思った。だが調べてみると、牧師になる人もたくさんいるし、大学や高校の先生になる人も多かった。一方、職業革命家になりたくて地下に潜った人や、社会福祉運動をしているうちにいつのまにかいなくなってしまった先輩もいた。調べれば調べるほど面白い学部に入ったものだと思った。

1979年4月の入学式の日、同期の神学部の新入生は40人くらいしかいないので、式は神学部のチャペルでやるのかと思ったら、学長にも来てもらわないといけないということで、法学部の学生と合同で同志社女子大学の大きな講堂で行うことになった。しかし入学式早々、衝撃的なことが起こった。事務の責任者から説明が行われた後、当時の学長であった大谷實先生（現同志社総長）が前方の壇に立った瞬間に、講堂のうしろの扉がばぁんと開いた。

60人くらいの赤いヘルメットと覆面をした学生たちがわあっと入ってきて、「おお大谷、おっさん、ようやくつかまえることができたなあ。おりゃあ移転についてどうなっとるんや」と、ごろをまくわけである。

東大紛争は、私が同志社に入学した1979年より10年も前、1969年に終わっている。あとになって知ったのだが、学生運動の業界には「同志社ガラパゴス」という言葉があった。早い時期に大陸から切り離されて独自の生態系を発展させた南太平洋の島になぞらえた呼び名である。まさに同志社はそのような状態にあって、激しい新左翼系の学生運動がいまだに残っている珍しい大学だったのだ。講堂の最前列に活動家の学生が陣取って学長相手に怒鳴っているような秩序侵犯に、同志社の特徴があった。もっとも、開学の祖、新島襄(3)からしてそうだったのだ。彼は国禁を破り海外に出た犯罪者である。従ってこれくらいの秩序侵犯があっても建学の精神に反するわけではない。

話を入学式に戻す。目の前には、かつて本で読んだ、あるいは映画で見

(3) 新島襄(1843-1890):明治初期の教育者。幕末に脱藩し、箱館から密航し渡米。アマースト大学などで学ぶ。帰国後、京都に同志社を設立。

た、あの学園紛争の世界が広がっていたのである。学生たちが学長に詰め寄ろうとすると、見た目が相当いかつい神学部の石井裕二教授が、その前にぐっと防衛隊みたいな感じで出てきて、学生たちを押しとどめた。今でもよく覚えている。その後、事務の人が、「中止、中止、入学式中止!」と伝え、「あとはそれぞれ学部に戻って、担当者の指示に従ってください」と大声で叫ぶのだった。それが私の入学式だった。詳しくは『私のマルクス』(文藝春秋、2007年)に書いているので、読んでほしい。

こうしてわれわれ神学部の新入生は唖然として学部の教室に戻った。するとハンサムな長髪の教授が出てきて、あたかも何ごともなかったかのごとく神学部の案内をするので、これにもびっくりした。

この教授は、「神学部の必修科目は1科目だけです。1年生のときの神学概論4単位だけです。それ以外は、なんでも好きなことやってください。それから、卒業に必要とされる単位は、日本中の大学で一番少ない124単位です。3年で全部とれます。残りの1年はですね、外国に行ってくださってもいいですし、下宿でごろごろして本を読んでいてもいいです」。

そのとき私は重ねて「変な学部だなあ」と思った。

あの入学式で、もしも大谷学長が活動家の学生たちに「お前ら何やってるんだ」と言って機動隊を入れていたら、おそらく全員逮捕されたであろう。学生たちの運命がすっかり変わってしまっていたはずだ。しかし学長は、これからの大学をどうするかということについて当時の学生運動活動家たちも真面目に考えていたことを知っていたので、強硬な態度をとらなかった。だが学長が変わると、実際に機動隊が入って、学生が逮捕されたこともあった。

そんな大谷先生に対する私たち学生の思いにはとても熱いものがあったのだが、当時の若い学生はそういうことを言うとおべんちゃらみたいだから、みんなその思いを口に出さなかったのだ。しかし、誰もが多かれ少なかれ「大谷学長は人情にあつい」という思いを持っていた。それと同時に大谷学長の姿勢に同志社のキリスト教主義が体現されていると思った。

同志社出身の学生ですら、実際に神学部の学生と会ったり話したりしたことがある人は少ないと思う。われわれ神学部の学生は、1、2回生のときは一般教育科目の受講であちこちの校舎をうろうろすることはあるが、3回生以降になると、神学館という4階建ての建物からほとんど出てこない。神学部の学生は、神学館の中だけで自己充足しているのが普通だった。神学部という場所《トポス》は、普通の世界ではありえないことができる場所だった。その中に、前述したアザーワールドもあった。

ほかにもう一つ、神学部の学生活動家にとっての場所があった。京都の南座からちょっと上がったところにあるビルの7階に、歌手の加藤登紀子さんのお父さんが経営するキエフというロシアレストランがあった。2階にはキエフというバー（酒房）があって、われわれはその店に入りびたり、神学についてさまざまな議論をした。

私が外務省に入ってから、このレストランと別の縁ができる。加藤登紀子さんのお父さん加藤幸四郎さんは、ハルビン学院出身で、その後関東軍の特務機関関係の仕事に就いた。私が外務省に入省した頃は、まだハルビン学院出身の外交官がいた。外務省の関係者に加藤さんの知り合いはたくさんいたわけである。

ともかく、どういうわけか、われわれ神学生はその店で飲むのが非常に好きだった。私がウオトカ党になったのは、実はロシア大使館勤務になってからではなく神学部の時代なのである。

神学部時代は、友人にも恵まれた。私の一年先輩である大山修司君がその一人だ。大山君は現在、日本基督教団膳所教会の牧師をしている。それから、米岡敬司君、滝田敏幸君という友人がいる。滝田君は今、千葉の自民党の県会議員をやっている。

彼らは、神学部自治会の活動家だった。ちなみに他の学部の自治会の旗は赤旗だったが、神学部の自治会の旗は死を表す黒旗だった。その黒旗に、「神学部自治会」と書いてあった。もっと昔には「無政府共産」と書いてあったそうだ。

ある日、私たちはキエフ酒房でさんざんウオトカを飲んだあと、アザーワールドに戻ってきた。すると大山君がこう言った。「今までずっと考えてたんだけど、今日こそ決行したいことがある」。そして、「佐藤、ギリシャ語でキリストってどうやって書くんだ?」と尋ねる。「それはクリストース（χριστος）だけど」と私が言うと、「それを書いてほしい」と言う。「ラテン文字で書くか、ギリシャ文字で書くか」と聞くと、「ギリシャ文字で書いてくれ」と言う。そして大山君は白いペンキを持ってきて、黒い旗の上に魚の絵[4]を描いた。その魚は笑っているような感じで口を開けている。その魚に目を入れ、腹のところにギリシャ語で、「χριστος」と書くわけである。書き終わると大山君がこう言った。「これで俺たちの思いと、やっていることが、近づいたと思う」。

大山君は、「キリストは俺たちにとって大切だから、黒旗にこの魚の絵を描いておいた方がいいんじゃないか」と考えたのだ。だが、カタカナの「キリスト」や漢字の「基督」は目立ちすぎるし、ラテン文字でもみんなにわかってしまう。何より他の活動家の前で恥ずかしい。よって、身内にしかわからないようにギリシャ語で書こうということになったのである。

当時、神学部の学生運動家たちは、キリスト教は一種のイデオロギーだから、そこから抜け出さないといけないと考えていた。しかし離れていこうとすると、キリストはお月さまのようについてくる。また逆に、つかま

（4）魚の絵：キリスト教徒にとって、魚には特別の意味がある。イエスはペトロに「あなたたちを、人をとる漁師にしよう」と言った。またギリシャ語の「イエス・キリスト、神の子、救い主」の頭文字をつなげた「ΙΧΘΥΣ（イクスース）」は魚を意味し、迫害時代のキリスト教会の秘密のシンボルだった。

えようと思うとどんどん離れていく。これがキリスト教の厄介な特性で、それにわれわれキリスト教徒は一生振り回されているのだ。

神学部の仲間には、洗礼を受けた者もいるし受けていない者もいた。しかし、洗礼を受けているか否かにかかわりなく、人間の理性の力のみでは決して理解できないキリスト教を学ぼうと、ある者は神の超越性について、別の者は人間の限界について、真面目に考えようと思って神学部に集ってきた。

大山君は、もともとファンダメンタリズム(5)系の教団出身だったので、日本基督教団のような、知的・理性的な神学をやる流儀に、はじめはあまりなじめない様子だった。しかも彼は神学部ではとても珍しいタイプで、高校時代は暴走族の準構成員だった。いつもバイクで通学し、喧嘩がめっぽう強かった。同志社で学生運動のトラブルがあると、いつも彼が活躍したのである。ところが血気盛んに前線に出ていくものだから、殴られて気絶し、われわれが病院にかつぎ込んだりすることもあった。あるとき、病院から大山君を連れて帰る途中、朝早く野本先生の家に押しかけ、朝ごはん

(5) ファンダメンタリズム：どの宗教にもファンダメンタリズムは生じうるが、キリスト教の場合は、聖書の一字一句が神の霊に導かれて書かれたのだから聖書は無謬だと考える逐語霊感説を主張し、聖書の表現を字義どおり信じる立場。ダーウィンの進化論などに反対する。根本主義、原理主義とも訳される。実際には近代になって生まれた宗教運動。

食べさせてもらった上に、しばらく彼を寝かせてもらったこともあった。

たしかに、この神学部自治会の旗の出来事以来、われわれの間には何かの化学変化が生じた。

私が大学院修士課程2年のころだ。私はちょうど外務省の試験勉強をしていた。大山君は学部を卒業したあと、小学校の教員免許をとるために佛教大学の通信講座を受けており、教育実習もすませ、教職免許もとっていた。だから私はてっきり、彼は学校の先生になるのだと思っていた。ところが、キエフ酒房でウオトカを飲んでいるときに、私と大山君の間でこのようなやりとりがあった。

「佐藤。あの、俺、今まで黙ってたんだけど、最近、教会に通い始めてるんだ」。

「どこの教会？」

「御幸町教会っていう教会だ」。

「御幸町教会っていうと、関西学院大学の系統でメソジストだね」

「うん、そうなんだ」。

「それで佐藤。俺、牧師になりたいと思うんだ。もう一回、やっぱりキリスト教のことをきちんと考えたいと思う。これは決して逃げてるとか、就職のモラトリアムじゃないと思うんだ。俺自身、やはり救われたいと思うんだ。俺自身それをちゃんと伝えていかないといけないと思う」。

だいたい私はおしゃべりで大山君は無口だから、酒を飲むとそれが更に加速する。私と彼は10対1くらいという感じだが、その日は、4対6くらいで大山君がかなり話した。

そして彼からこう言われた。

「佐藤は外務省に行こうとしているが、それはやめて、もう一度神学部の大学院に残って神学の勉強をきちんとしないか。それで、ものすごく鋭い神学を組み立ててほしいんだよな。ただ、はっきり言っておくけど、俺は佐藤にはついて行けないいんだ」。

私はそのときたいへんなショックを受けた。さらに大山君はこう言った。

「佐藤の考え方って、やっぱり天国には神様の書いたノートがあって、そこには、神に選ばれた人の名前が書いてあるということなんだよな。佐藤。お前、本当に自分が選ばれていると思ってるのか」。

「俺は、わからん。しかし選ばれていると思うことにしている。そうすると、どんなことがあったって、それは神からの試練だと思うことができるんだ」。

「そういう考えをすると、俺は、絶対に選ばれていない側に入っていると思えてならないんだ。だから、バルトとかカルヴァンっていうのは、俺にはどうしても肌に合わないんだ。やっぱり俺は、ルターやウェスレー、こういったものを読むと、なんか、魂が震えるんだよね」。

「俺自身も、自分が本当に選ばれているかどうかはわからない。しかし人間の改心や努力で自分が救われるっていう回路は、一見謙虚なように見えて、実は逆に、神の救済を過小評価することになる。人間的な業を魂の救済に持ち込むというのは、人間の傲慢だと思う」と言い直した。

結局、この話は平行線のままになった。今になって振り返ってみると、こういう議論が起こるところに同志社大学神学部の伝統がある。すなわちカルヴァン派的な考えをしているような私のような人間も、ウェスレー的な考えをしている大山君のような人間も、仏教徒も、無宗教者も、無神論者も、ありとあらゆる考えの人が、排除されることなく神学部で勉強できたということだ。同志社大学神学部の持つ独特の懐の深さ、幅の広さだと思う。

私の場合は、もともとの母体が日本キリスト教会というカルヴァン派の教団だったので、結局はカルヴァン的な発想から抜け出ることができない。人間誰しも、人生で一番最初に触れた世界観的な思想、つまり生き死にの原理を説く思想の刷り込みからは抜け出せないというのが、私の結論である。私の場合は、結局それはカルヴァン派的なキリスト教だったのだ。

私は今、犯罪者として逮捕起訴されていながら、逮捕時の経験や裁判をネタにしてこういう物書きの仕事をしている。検察庁に言わせれば、「反省していない」ということになる。しかし私は、神との関係においては深く反省しているつもりだ。逮捕以来、「どうしてこういうことになったのか」と、何度も自分の中で考えた。そして、それと同時に、「なぜ神は、私にこういった試練を与えるのか」と考える。だから、どんな逆境や厳しい状況にあっても、絶対にあきらめない。それは、見方によっては、意志が強く根性があるように見えるのだが、裏返すと、「反省をしていない、とんでもないやつ」ということだと思う。これはカルヴァン派的キリスト教の最大の長所であり、かつ最大の弱点である。

実を言うと私は、カルヴァンは嫌いなのだ。バルトも嫌いである。私がフロマートカに惹かれるのは、フロマートカの中に、ルターやウェスレーにつながるような部分があるからだ。フロマートカには、バルトのようにすぱっと割り切れないところがあって、そこにものすごく惹かれるのだが、惹かれたまま、今はまだ自分の中で神学的に整理されていない状況だ。

だから、外務省から離れて公の仕事から手を引くようになった今、私は残りの人生の中で、神学的な作業をもう一回きちんとやり直してみたいと思っている。いま徐々にそういった作業を始めているところだ。

神学書との出会い

私自身が、大学に入ってから一番最初に読んだ神学書は、当事、神学部の非常勤講師だった岡山孝太郎先生（牧師）が指定したハーヴィ・コックス著[6]『民衆宗教の時代』という本だった。このコックスという神学者は、ハーバード大学神学部の有名な先生で、民衆宗教の研究者でもあり、その観点から日本の創価学会を研究した人でもある。彼の『神の革命と人間の責任』という著作も読んだ。これはバルト神学のアメリカ流の解釈で、現在読み直してみても非常に面白い本だ。要するに、地上において何らかの体制変革運動が起きるということは、その前提として必ず天における革命が先行しているとコックスは考える。われわれにとってこの思想は、中国の易姓革命[7]みたいなので、わかりやすい発想である。

その後、カール・バルトの著作を手あたり次第に読んだ。それ以後、私は長い間バルトの影響下にあり、今もある意味ではそうである。学生時代、新教出版社から刊行中だった『カール・バルト著作集』と『教会教義学』を、本当に一生懸命読んだ。カール・バルトはきわめて重要な神学者だ。私が影響を受けた神学者、ボンヘッファーやフロマートカなどとともに後述するが、少しだけここで触れておく。

(6) ハーヴィ・コックス（Harvey G. Cox, 1929-）：アメリカのプロテスタント神学者。世俗化というテーマに関する社会学的成果を神学にとり入れた。主著『世俗都市』。

(7) 易姓革命：中国古来の政治思想。君主に徳がなければ別姓の有徳者に天命がくだり、新たな王朝が開かれるというもの。「天命が革《あらた》まり、姓を易《か》える」より。

少し前まで私は、毎日新聞社の『本の時間』という雑誌に「ヒューマニズム論」という連載をしていた。そのベースで使っていたのが、『カール・バルト著作集』の中に収められている『十九世紀のプロテスタント神学』であった。この本は、邦訳で上・中・下巻の３冊構成になっており、上巻だけが１９７１年に出版され、長いブランクをおいて２００６年、２００７年に中・下巻が出版された。私は学生のころ、この本を必死になって読んだのである。ちなみにこれは『十九世紀のプロテスタント神学』というタイトルだが、上巻と中巻のサブタイトルが「第一部　前史」とあるように、18世紀の啓蒙主義に半分以上を割いている。

当時は中巻と下巻の翻訳がまだなかったので、ドイツ語の辞書を、それこそ何千回も引きながら読んだ。そこではバルトが、19世紀において非常に重要な神学者であるシュライエルマッハーの神学思想を批判的に紹介している。このシュライエルマッハーという神学者は、西田幾多郎や右翼の思想家である大川周明にも無視できない影響を与えたのだ。シュライエルマッハーを読まずして西田や大川の思想を十分に理解することはできないと言っても過言ではない。また、シュライエルマッハーは近代ナショナリズムの父でもある。近年、このナショナリズムの側面からシュライエルマッハーを分析したのがエリ・ケドゥーリ(8)というレバノン系の民族学者である。学生社から『ナショナリズム』(学生社、2000年)という著作の翻訳が出ている。その中で、ケドゥーリはシュライエルマッハーとナショナリズムとの関係を詳しく分析している。

マルクス主義とキリスト教

キリスト教の話だけではなく、マルクス主義の話もしたいと思う。私が神学生時代に神学書とともにマルクス主義と格闘したことは前出の『私のマルクス』に書いてあるので、そちらを参照してほしい。マルクスの『資本論』は、研究者や学生のみならず、労働者、ビジネスパーソンにもぜひとも読んでおいていただきたい本だと思う。

労働力の商品化(9)ということが『資本論』の一つの鍵である。労働力は本来は商品でないが、実質的に商品になってしまっている。たとえば1月

(8) エリ・ケドゥーリ(Elie Kedourie, 1926-1992):バグダット生まれのイギリス人史家。伝統的ユダヤ人であり、中東の歴史の権威でもある。主著『ナショナリズム』。シュライエルマッハーの思想を近代ナショナリズム形成において重視する。

(9) 労働価値説と高畠素之:同志社大学神学部の先輩(中退)である高畠素之は『資本論』

20万円で誰かが労働者として働くとすると、実際それを雇っている企業は30万円なり40万円なりは儲かっているわけだ。労働力というのは、1か月、労働者が家を借りて、服を着て、食べ物を食べて、最低限のレジャーをして、残り1か月間なんとか働いていく力を蓄えるために消費する商品の総額に等しいというのが、マルクスの「賃金論」の考え方である（他に、次世代の労働者を育てる経費、産業の技術進歩にともない、新技術に対応するための労働者が必要とする教育費も賃金に含まれる）。

資本が増殖できるのは、労働力という商品が賃金以上の価値を生み出すからだ。しかし資本家といえども、その価値をすべて自分の手にすることはできない。土地の上に工場を建てるのだから、地代という形でお金を地主に払わないといけない。この地代には土地の豊饒力であるとか、現在で言う環境、自然への対価が含まれている。つまり、資本によっても労働によっても環境をつくり出すことはできないという環境制約性をマルクスは『資本論』の中で明確に言っているわけだ。

この『資本論』を読むと、予想に反して、社会主義革命の必然性などと

を3回も訳している。彼の翻訳は、戦後に訳されたものよりも、キリスト教に関する部分がずっと正確で日本語としても読みやすい。

高畠は、訳しているうちに、完全に「マルクス主義」から離れてしまった。

高畠の思想は、私が経済学の基礎をその著書より学んだ宇野弘蔵の経済学ともたいへん親和性がある。私は、この高畠素之の系譜で思考しているといってもよい。

いうものはどこにも書かれていないことがわかる。むしろ「資本主義は強いのだ」ということが明らかにされる。

ただ、ここで考えてほしい。マルクスの『資本論』の世界には、税金の話がいっさい出てこない。『資本論』の論理構造は、イギリスの古典派経済学を集大成したデービッド・リカード[10]の『経済学および課税の原理』を踏襲している。しかし『経済学および課税の論理』の半分は課税の話である。つまりマルクスは社会の構造全体を分析するので、まず、第一段階目として国家を括弧の中に入れて排除したのだ。そして社会の理論としてのみ『資本論』を書いた。そこでは、資本主義があたかも永遠に続くかのごとく描かれている。

それでは、国家を加えて書いた場合どういうことになるか。国家は抽象的な存在ではない。私自身がそうだったようにそこには官僚がいる。官僚というのはどういう人たちかというと、かつては臣民という言葉を使ったが、その臣のことである。では臣と民の違いは何かというと、国家から給料をもらっている人であるか否かだ。臣とは、結局、税金によって生きて

（10）リカード（David Ricardo, 1772-1823）：イギリスの経済学者。労働価値説を展開。主著『経済学および課税の原理』。

いる人たちなのである。税金は、取られないですむものなら誰だって払いたくないが、払わないと臣（官僚）が捕まえにくる。

　政治犯罪とともに、脱税の管轄は警察ではない。脱税の容疑者は東京地方検察庁なり大阪地方検察庁なりの特捜部によって逮捕されるのである。脱税は国事犯（政治犯）である。たとえば、一人の官僚が生きるために仮に500万円必要とする。もしその500万円を民から収奪すると、民から「なんでそんなに金をとられないとならないんだ」とブーイングが起きる。そこで官僚は民から2000万円とるのだ。その中の1500万円を教育や福祉、あるいは国防などに再分配する。あたかも再分配という中立的な機能を果たしているかのように装って、官僚は社会から収奪する。このような構図が国家の本質である。「国家の本質は暴力である」とレーニンもマックス・ウェーバーも言ったがそれは正しい。

　しかし、だからと言って、「国家はなくていい」「国家がなくても社会だけでわれわれは生きていける」かというと、そうではないのである。というのも、国家は他の国家との関係において存在するからだ。仮に日本に国家がなくなって社会だけの存在になるとしたら、すぐ周辺にある国家が日本社会を征服し、そこから収奪していくだろう。悲しいがこれが現実だ。

よって、国家というものは、他の国家との関係において、社会を含めた自国民全体を守らなければならない。日本が戦争に巻き込まれないため、また戦争を引き起こさないためには、国家を強化しなくてはならない。そのためには日本社会を強化するしかないのだ。これが政治のリアリズムである。この弁証法的な構造を理解しておくことが、国家のあり方を考える上で非常に重要だと思う。

国家を絶対化するのでもなく、拒否するのでもなく、国家とはあくまで是々非々でつきあえということである。

社会が弱体化し始めると、テロに対する期待感が生じる。そのような状況で、政治が国民の見解をまったく反映しておらず、経済の調子も悪いとなると、どの国でもテロリズムあるいはクーデターという回路によってものごとを解決しようという思想が生まれてくる。暴力によって体制を変えようとするテロリズムの動きが起きると、その次の瞬間、国家が暴力を行使し始める。一番強大な暴力装置を持っているのは国家である。これは聖書の時代においてもそうであったし、現在においてもそうである。

国家の暴力を放置し続けると、国家は次第に暴走し始め、暴力によって社会全体が覆われるような状況がくるわけである。

その傾向を事前に察知し、異議申し立てを可能にするためには、教養の力が必要とされる。教養によって連帯した人々のネットワークこそが、社会に力を与えると思う。

そういう不安と危機の状況下においてこそ、キリスト教徒は、たとえ人数は少なくとも「地の塩」(11)であれというキリストの戒めに基づいた役割を発揮しなければならないと思う。かと言って、皆が皆キリスト教徒になる必要はまったくない。

「自分は本当にキリスト教で救済された」「イエス・キリストこそが救済の根拠だ」ということを腹の底から思わないかぎり、キリスト教徒には絶対なってはいけない。ただ、キリスト教的なものの考え方やその精神は、日本にたくさん存在するキリスト教主義大学、ミッションスクールと言わ

(11) 地の塩：聖書に出てくる教えの一つ。マタイ福音書5章13節に「あなたがたは地の塩である。だが、塩に塩気がなくなれば、その塩は何によって塩味が付けられよう。もはや、何の役にも立たず、外に投げ捨てられ、人々に踏みつけられるだけである」とある。神を信じる者は、腐敗を防ぐ塩のような役割を、社会の中で果たさなければならないという意味。

れる中学校や高等学校、キリスト教主義の病院、福祉施設、幼稚園などに具体的にあらわれている。たとえ教会には行ったことがない人や、キリスト教を信じない人も、そういったところから何かキリスト教の良心のようなものを見いだすことができる。

私は、具体的な状況を抜きにした一般的提言はできないが、先ほど述べた、関係の類比という考え方で聖書をひもとき、イエスのリアリティというものを考えることが重要だと思う。イエスが考えていた愛というものはどういうことなのかと。それを自分の言葉で、キリスト教徒でない人にもわかるように専門用語を使わずに翻訳しなおす作業が、私は今の社会と国家を強化するために重要だと考えている。

国家とともに危険なのは貨幣である。このことも『資本論』を読めばよくわかる。貨幣は、商品を交換するための便宜から出てきた特殊な商品である。ところが、商品はつねに貨幣に交換できるというわけではないが、貨幣はつねに商品に交換できる。そうすると、「欲望が何でも実現できる」ということになる。貨幣は、商品交換を行う人間どうしの関係から生まれたにもかかわらず、何にでも交換できるたいへんな力をもった物神性[12]を帯びるわけだ。

国家と貨幣は、われわれが一番気をつけてつき合わないといけないものである。なぜならば、それがあたかも神のような絶大な力があるように見えてしまうからだ。われわれキリスト教徒は、神以外を神とすることはできない。それこそが偶像崇拝であり、モーセの第一戒に背くからである。かといって、貨幣経済というものをすべて回避することはできない。貨幣という基準に自己同一化することもまた不可能である。国家というものから完全に離れて中立になることもできないし、国家というものを絶対化することもできない。

世界という大きな鍋でシチューやカレーを作るとするなら、キリスト教徒は、前述した「塩」の役割を果たすわけだ。われわれ自身は、この世界において常にイエス・キリストに帰らなければいけないと思っているのである。

私が聖書の中で一番面白いと思うのは、エルサレムの神殿におけるイエ

(12) 物神性（Fetischcharakter）：経済において、社会的な関係性というものが物として現れる倒錯したあり方を表す概念。マルクスによって商品の特徴を示す概念として使用された。

スとパリサイ（ファリサイ）派[13]との一連のやりとりである。イエスに反対するパリサイ派をはじめとした連中が、イエスをひっかけてやろうと思って、「ローマ帝国に税金を払うべきでしょうか、払わないべきでしょうか」と質問するわけだ。これは罠である。「払うべきだ」と言ったら、「ああ、こいつはローマ帝国に従えと言っているぞ」ということになり、ユダヤ人の同胞たちから攻撃されてしまう。「払うな」と言ったら、「こいつはローマ帝国に反逆するつもりだ」ということになり、ローマ兵に引き渡されてしまう。

こうしたひっかけ質問に対して、咄嗟にイエスは、真面目に答えたらいけないと考える。そして、たいへんな知恵を働かして言うのだ、「1デナリオン銀貨を持ってきなさい」と。[14]ちなみに1デナリオンというのは、聖書考古学の成果によると、ちょうど労働者の1日分の賃金に当たる。また、1か月分の税金でもあった。1か月の労働日が25日なので、当時の税金は僅か4％ということになる。つまり現在の日本の消費税以下なのだ。現在の税金がいかに高い水準にあるかということが、聖書からもわかる。ロー

(13) パリサイ派：イエス時代のユダヤ教の一派。律法を厳格に守り、その結果形式主義に陥ったが、ユダヤ教を後世に残した。イエス時代においては、イエスの前に論敵として度々立ちふさがった。

(14) イエスの知恵：イエスには、このように、頭の回転が速い側面があるが、それと同時にけっこう乱暴な一面もある。聖書には「大酒飲みで大食漢」とも書かれており、ワインなどを相当飲んだと推定される。

マ帝国が属州から取っていた以上の税金を、日本という国家は国民から取っているわけだ。

この1デナリオンには、「神」という言葉が刻まれていた。ということは、この銀貨を持ってきた人は、エルサレムの神殿に異教の神を入れたということになり、その時点で完全にアウトである。イエスはまずこの点をとらえて、逆にひっかけているわけだ。口に出してはいないけれど、「異教の神をここに持ち込んでいる時点で、お前には質問を発する権利がない」ということを暗に示している。そのうえで、「誰の顔が描いてあるか」と尋ねる。それに対して「カエサルの顔が描いてある」と答える。するとイエスは有名な言葉を発する。「カエサルのものはカエサルに、神のものは神に」。

このように、イエスはある意味で非常にふざけた答えをする。「税金を払え」と言っているようにも解釈できるし、「そのような国家権力には従うな」とも解釈できる。敵に囲まれ、完全に不利な状況下で、こうした的確な言葉を咄嗟に見つけることができるというのが、イエスのしたたかさ

また、神殿の周りで鳩を売っていたり、露店を出していたりするのを見ると、「露店を蹴っ飛ばしてぶっ壊したりする」のだ。

であり、すごさだと思う。こういったしたたかさは、外交の現場においてたいへんに「役に立つ」。

ボンヘッファー

ディートリヒ・ボンヘッファー(15)は、たいへん早熟なドイツの神学者だった。1920年代、ボンヘッファーがまだ21歳のとき、社会学の方法を神学に適用した「聖徒の交わり」("Sanctorum Communio")という博士論文で神学界に鮮烈なデビューを果たした。ナチが政権を握ると、「ドイツ的キリスト者」(「ドイッチェ・クリステン」)という運動が起きる。この運動は、驚くべきことに、旧約聖書を聖書から排除しようとした。もちろんユダヤ人を排斥したいという欲望から来ている。また新約聖書についても、パウロが説いたのは奴隷精神であるとして、パウロ書簡(16)を排除しようとした。つまりアーリア人種至上主義に基づいた聖書を再構成し、独自のナチ・ドイツの聖書を作ろうとしたのである。こうして、ドイツの国家教会を作りはじめる。

(15) ディートリヒ・ボンヘッファー(Dietrich Bonhoeffer, 1906-1945):ドイツのプロテスタント神学者、牧師。反ナチ闘争に参与してゲシュタポに逮捕され、終戦直前に処刑された。主著『キリストに従う』『共に生きる生活』『獄中書簡集』。

(16) パウロ書簡:新約聖書に収められている、パウロが書いたとされる書簡。ただし偽書も含まれている。以下は略称。『ローマ』、『コリント一、二』、『ガラテア』、『エフェソ』、『フィリピ』、『フィレモン』、『コロサイ』、『テサロニケ一、二』、『テモテ一、二』、『テトス』、『ヘブライ』。

ドイツの牧師たちの多くがそれに疑念を持たず、追随していった一方で、国家と教会の関係を歪める「ドイツ的キリスト者」に対して、それはおかしいと言う人たちがいた。彼らは「告白教会」という抵抗組織をつくり、異議申し立てを続けた。その中心的な指導者がディートリヒ・ボンヘッファーであり、マルティン・ニーメラー[17]なのである。

このようにドイツの教会が「ドイツ的キリスト者」と「告白教会」に分かれて混乱状態になっていたとき、20世紀最大の神学者と言われるカール・バルト[18]は、当時ニューヨークに留学していたボンヘッファーに手紙を送る。「今、ドイツはたいへんな状況なのだから、君は帰ってきて、闘うべきである」と。そこでボンヘッファーはドイツに帰り、ヒトラー暗殺計画に参与するようになるわけだが、彼は非常に面白い方法をとった。ドイツの国防軍の中には、熱心なキリスト教徒が多い。ボンヘッファーはその人脈を使って軍の情報部門に入り、教会の国際的なネットワークを使ってイギリスと接触する。諜報要員、すなわちインテリジェンスの仕事に従事したわけである。だが1943年にゲシュタポに逮捕されてしまう。暗殺

(17) マルティン・ニーメラー（Martin Niemöller, 1892-1984）：ドイツのルター派神学者、牧師。第一次大戦にUボート乗員として従軍。ナチの宗教政策に抵抗し、告白教会を指導して逮捕され、7年あまり獄中にあった。戦後は反戦・平和運動に尽力。

(18) バルト（Karl Barth, 1886-1968）：スイスのプロテスタント神学者。キリスト論に集中する神学を展開。弁証法神学、危機神学を提唱。主著『教会教義学』。

計画自体は、１９４４年7月20日に決行されたが、失敗に終わり、結局ボンヘッファーは１９４５年4月9日に処刑された。このように、彼は「行動する神学者」であった。

ボンヘッファーの生涯から学ばされることは、キリスト教およびキリスト教徒の本来の姿である。彼は、敵を愛せというイエスの戒めに固く立つ牧師であり、またガンジーの非暴力主義からも強い影響を受けていた。にもかかわらずあえてヒトラー暗殺計画に参与することを選んだ。それは、彼が、目的さえ正しければ暴力的手段も正当化されると開き直って自己正当化したからではない。自分の選んだ手段が神の前では罪とされるかもしれないことを十分に自覚し、究極的な裁きを神に委ねつつ決断したのである。むしろ、神に委ねたからこそ決断できたのかもしれない。

ボンヘッファーの思想は、逮捕後の獄中生活で更に深められた。戦後の神学に大きな衝撃を与えた様々なアイデア、たとえば、宗教なき「成人した世界」とか、その中におけるキリスト教の「非宗教的解釈」の必要性、また「神という作業仮説なしに我々をこの世で生きさせる神こそ、我々の神である」とか、「神の前で、神と共に、神なしに、我々は生きる」などは、すべて友人ベートゲに宛てて密かに送られた書簡の中の言葉である。残念ながら39歳でこの世を去ったので、体系的な神学書を残さなかったが、その人生から神学を学ばされるタイプの神学者だ。ボンヘッファーの神学が「伝記としての神学」と言われるゆえんである。

ボンヘッファーは西ドイツ（ドイツ連邦共和国）のみならず東ドイツ（ドイツ民主共和国）にも大きな影響を残した。東ドイツの福音主義教会同盟（EKU）の監督をつとめたアルブレヒト・シェーンヘルは、ナチ時代に非合法とされた告白教会の牧師研修所でボンヘッファーに学んだ直弟子だ。また北米の「神の死」の神学、南米の解放の神学にもその影響を見て取ることができる。

カール・バルト

前に述べたように私は長い間、カール・バルトの影響下にあり、今でも相当程度その影響下にあると言える。そのカール・バルトについて触れたい。

ちなみにバルトの倫理学について要点を知りたい読者は、『キリスト教倫理』（新教出版社、1964〜1969年）という4巻本を読んでほしい。4巻本といってもこちらは新書サイズなので、それほど努力しなくても読み切ることができる。これはバルトの『教会教義学』の「創造論」の倫理の部分の抄訳だ。『教会教義学』は邦訳で36巻の大著なので、新教出版社がハンディな新書を出したのである。この新書を使って多くのグループがバルト研究会を行ってきた。バルト神学のエッセンスに触れるのであれば、この『キリスト教倫理』を読んでみることをお勧めする。

特に「制約における自由」（第4巻）を強く推薦したい。「制約における自由」とはこういうことだ。

バルトは、サルトルのように「実存が本質に先立つ」と考えた実存主義者とは異なり、人間に無限の自由があるとは考えない。むしろ、人間はあくまで被造物であるから神の戒めの下に置かれている。この神の戒めという制約が人間の条件であり、この制約の下にこそ真の自由があると考えるのだ。それは、人間の生が一回限りのものとして与えられているということであり、限界づけられた時間の中で生きるように呼び出されていることを意味する。つまり人間は神からの召命《ベルーフ》を受けた存在なのだ。バルトはこれらのことを、人間の生死、職業生活、さらに日曜日の安息を含む時間の管理の問題に絡めて、興味深く展開していく。われわれ現代人が生きていくうえでの様々な知恵が、この『キリスト教倫理』の中に詰まっている。ちなみにサルトルにとって自由とは積極的な意味を持つ「無」だが、バルトにとって無制約・無規定なものは「虚無的なもの」として否定的な意味しか持たない。あくまでも神は創造者であり、その神はカオスの神ではない。

私の希望は、本書を読んでおられる読者に、ぜひ『教会教義学』に取り組んでいただきたいということだ。『教会教義学』は、マルクスの『資本論』と同じように、読み解くことがなかなか難しい。しかし読んでも絶対に損はしないと保証する。この『教会教義学』という本を全巻通読したかどうかで一生が変わってくると言っても過言ではないと私は思う。たとえば人間の生命に対する考え方、あるいは人生に対する考え方、人間の死後の命に対する考え方、それから自分のパートナーに対する考え方などが、この『教会教義学』という本と真剣に取り組んだかどうかで根源的に変わってくると思う。

この『教会教義学』は世界で一番長い神学書である。カトリック最大の神学者トマス・アクイナスの『神学大全』[19]のおよそ2倍の長さである。邦訳は完結されており、全巻そろえると27万円ちょっとである。たしかに高い。しかし、それくらい出しても惜しくないくらいバルトという神学者は面白いし、「役に立つ」。

バルト神学の最も重要な貢献は、神の場所を「天」にもどしたことだ。キリスト教徒が「天にいます我らの神よ」[20]と祈るように、「天」という言葉で表象される地上から隔絶した高みこそが、絶対的な超越者としての神の場所である。ただしこの「天」は物理的な天ではない。

ところで、近代の神学は、神の場所を人間の心の中へと引き下ろす歴史だった。コペルニクス[21]以降、地球は丸いことが明らかになり、地動説が

(19)『神学大全』(Summa Theologiae):トマス・アクイナスの主著。カトリック神学の最高峰であり、アウグスティヌスの『神の国』、カルヴァンの『キリスト教綱要』と並ぶ、キリスト教3大古典の一つ。未完。

(20)「天にいます我らが神」:「主の祈り」の冒頭の神への呼びかけ。この祈りは、福音書の中で、イエスが弟子たちに教えた祈りとして記され、キリスト教において最も基本的な祈りとされている。

(21) コペルニクス (Nicolaus

主流になると、「神はほんとうに天にいるのだろうか」という疑問が芽生える。われわれはもはやそういう表象で神を考えることができなくなった。自然科学的な考え方と神学の考え方が、根底からぶつかるようになったからだ。ダーウィンの進化論とキリスト教の関係に関してもそうである。

その問題を神学的にうまく解消したのがシュライエルマッハーだった。シュライエルマッハーは、初期の神学書である『宗教論』（岩波文庫、１９４９年、筑摩書房、１９９１年）の中で、「宗教の本質は直感と感情」だと言ったが、さらに後期になって著された『キリスト教信仰』（白水社、１９７４年）の中では、「宗教の本質は神への絶対依存の感情である」と言っている。これは、神は人間の心の中にあるという宗教観である。天ではなく、心の中に神の場を転換したわけである。よって、天に神がいなくても心配はなくなった。われわれの心の中に神があるのだというかたちでシュライエルマッハーが神を内面化した。

しかし、心という心理作用と神の意思を一体化すると、それが神の意思なのか人間の心理作用なのかを分けることができなくなってしまう。それ

Copernicus, 1473-543)：ポーランドの天文学者、聖職者。地動説を主張。

によって人間の自己絶対化が生じてくるわけだ。

特に科学技術が発展すると、人間は自らを万能であるかのように思い込んでしまう。クローン技術やES細胞の技術を見ると、人間の生命でさえ思うがままにコントロールできるかのようである。そうだとすれば人類にはバラ色の未来があるはずなのに、そうはならなかった。20世紀に入ると、夥しい数の戦争があった。まず1914年の第一次世界大戦[22]である。この戦争の衝撃は人々に深刻な問いを投げかけた。「人類がいくら科学と技術を発展させても、このような破壊と殺戮をもたらすことになってしまうのであれば、人間の理性とはいったい何なのか」ということである。

こういう問題意識を真剣に抱いて正面から取り組んだのが、カール・バルトなのだ。彼は、第一次大戦が勃発した際にドイツの錚々たる知識人たちが戦争賛成を公にしたことに衝撃を受けた。その中には、ベルリン大学時代の恩師であり当時の神学界の大御所であったハルナックも含まれていた。このことはバルトに、シュライエルマッハー以来の近代神学に対する深刻な反省を迫った。こうして1919年に『ローマ書』[23]を刊行して、人

(22) 第一次世界大戦の勃発の原因：第一次世界大戦がなぜ起きたかという原因についてすら、いまだに学界で決着がついていない。なぜサラエボにおける二発の銃声から、あのような世界大戦になったのか、よくわかっていない。

第二次世界大戦に関しては、ナチ・ドイツが悪かったということで、大体のコンセンサスがある。だが第一次世界大戦については、どの国に責任があるのか、専門家の見解が大きく分かれている。

もっとも、エリック・ホブズボームは、第一次世界大戦と第二次世界大戦は切り離す必要はないと考える。1918年から1939年は、そのあいだの戦間期だったという見方である。

間の理性や宗教感情を徹底的に相対化する絶対他者としての神の問題を扱ったわけである。この本は、新約聖書に収められているパウロの「ローマの信徒への手紙」に関する注解書である。聖書は、ただその本文《テキスト》を読むだけでなく、読み手である自分が置かれている文脈《コンテキスト》に即して読むものなのだ。1922年の『ローマ書』第2版は、戦後のヨーロッパ思想界に衝撃を与えた。危機の時代に生きているという認識がこの本によって多くの人々に共有されたのである。

同じ事柄に、第一次世界大戦のはるか以前に気づいていた人がいた。ドストエフスキー[24]である。彼の『罪と罰』の刊行が1866年、『カラマーゾフの兄弟』が1879年から80年にかけてであるから、その先見の明には驚かされる。彼の影響力には計り知れないものがあり、バルトの問題意識にも影響を与えた。私自身もまたドストエフスキーから影響を受けた者の一人で、ちょうど今、神学の分野でドストエフスキーに関する二つの仕事に携わっている。一つは、トゥルナイゼン[25]という有名な牧師で神学者のドストエフスキー論の解説執筆。もう一つは、フロマートカのドストエ

(23)『ローマ書』：バルトの最初の著書。初版は1000部の自費出版だった。危機神学、弁証法神学の出発点となる。

(24) ドストエフスキー（Fyodor Mikhaylivich Dostoevskii, 1821-1881）：ロシアの作家。トルストイとともに19世紀のロシア文学を代表する。初期は社会主義的な作風、後期はキリスト教的な作風として知られる。主著『罪と罰』『カラマーゾフの兄弟』。

(25) トゥルナイゼン（Eduard Thurneysen, 1888-1974）スイスの改革派神学者、牧師。バルトの盟友でもあり、弁証法神学の確立に寄与する。主著『牧会学』。

フスキー論の翻訳である。ドストエフスキーから影響を受け、第一次世界大戦後の危機を正面から受けとめたバルトの『ローマ書』によって、神学における「現代」が始まったと考えてもいい。

フロマートカ――私の卒業論文と修士論文

私自身がカール・バルトから強い影響を受けたことは先述したが、バルトには学生時代からずっと違和感があったし、今もある。特に、「神学とは最も美しい学問だ」というバルトの言葉に落とし穴があると感じる。私は神学が美しい学問であると思わない。その美しさにとらわれてしまったことが、バルトの限界だったように思う。バルトという人は、近代の限界を本当に真面目に考えた神学者だ。そして、バルトは神の前における人間の自己批判ということを真剣に考えた。しかし、人間は神の前にあるとともに、周りには隣人である人間たちがいるわけである。キリスト教徒には、非キリスト教徒たちを前にして本来自分たちが果たすべきことを果たしていなかったのではないかという自己反省、自己批判が不可欠だ。こう考えたのがボンヘッファーであり、フロマートカなのである。ボンヘッファーの人生は処刑という形でかなり早い段階で切断されてしまったので、彼の「非キリスト教的なキリスト教」であるとか、「成人した世界」という神学的着想がその後どういう風に発展していったであろうかを、確定的に述べることができない。

これに対して、フロマートカの場合は、フロマートカの信仰告白的自伝『なぜ私は生きているか』[26]を読んでいただければ分かるように、第二次世界大戦中アメリカに亡命し、そのままアメリカのプリンストン神学校に残っていれば非常に優れた教義学者として欧米で高く評価されたはずである。それにもかかわらずフロマートカは科学的無神論を掲げる共産主義化したチェコスロヴァキアに帰国したわけである。そして、非常に大きな制約がある中で神学を営んだ。当時のチェコスロヴァキアは自由に神学論文を書けるような状況ではなかった。しかし、彼の座右の銘である「フィールドはこの世界である（Pole je tento svět）」の通り、自分の生全体を通してプロテスタント神学者の生き方はどういうものなのかということを示したの

（26）『なぜ私は生きているか』：フロマートカの信仰告白的自伝。1997年に日本語に翻訳される（佐藤優訳）。

である。そういうわけで、私はこのフロマートカの生き方に非常に共感をもつし、こういう生き方こそがキリスト教徒としての正しい生き方であると信じるのだ。

神学生のころに話を戻す。結局、私はフロマートカをテーマにして卒業論文と修士論文を書いた。それには、ただ単に社会主義時代のチェコスロヴァキアのキリスト教の研究をするというわけではなく、より深い意味があった。どういうことかというと、「神が人間になったというのはどういうことか」ということについての探究だ。すなわち「なぜ神は神のままであることに留まらずに、人間になったのか」についての研究だ。これを神学用語では受肉論と言う。

人間にはそれぞれの考え方がある。さまざまな理念があり、さまざまな理想がある。しかしその理想も、結局のところそれが現実の形にならないと意味がないわけである。この考え方がキリスト教の、特にプロテスタンティズムの基本的な考え方である。だから「心の中だけで誠意がある」「心のなかで応援しています」とかいってもそこには意味がない。心のなかで考えて行動をしないのは、何も心で考えていないのと一緒なのである。本当に考えていることは必ず何らかの行動になるわけである。それがプロテスタンティズム的な受肉の考え方なのであり、「信仰のみ」（sola fide）の正しい解釈なのである。

卒業論文はフロマートカの一冊の著作の解き明かしをしたものである。それはフロマートカがアメリカの大学でのスプラント・レクチャーで話した講演内容を本にしたもので、１９４４年に出版された『破滅と復活』（*Doom and Ressurection* 邦訳：土山牧羔『破滅と再建』創元社、１９５０年）という表題だ。

フロマートカは、共にナチスに抵抗したバルトの盟友である。ナチスに対する抵抗、さらに戦後、アメリカから故郷である共産圏化したチェコスロヴァキアに戻って、マルクス主義者と対話を行ったので進歩的、革命的な神学者と見られがちであるが、その実を知れば知るほど、伝統を重視し、保守的な発想をする神学者であることがわかる。

この伝統を重視する流れはボヘミア宗教改革(27)の歴史的反復であると私は

(27) ボヘミア宗教改革：プラハ大学学長ヤン・フス（Jan Hus, 1369?-1415）が中心となっておこった宗教改革。フスは後に焚刑になり、フス戦争が起こった。

理解している。とくにフロマートカの保守性というのが私のフロマートカ理解の鍵であり、そこに気づいたことが私の卒業論文の成果である。

修士論文においては、フロマートカから少し視野を広げ、チェコスロヴァキアにおける教会と国家の関係を大きなテーマとして設定し、特に戦後、共産政権が発足してからプラハの春に至るまでの時代を取り扱った。その歴史的背景の中で、なぜフロマートカが、無神論を公式イデオロギーとするチェコスロヴァキアに戻って、「人間とは何か」ということを問うたのか、という問題を中心に考察した。フロマートカは、ある意味ではバルトと正反対の、人間に対して肯定的な評価を与える神学を構築し、マルクス主義者と対話していった。この姿勢の根拠について明らかにしようとした。そうして修士論文を書いたら博士課程に進学することを考えたが、日本からチェコスロヴァキアに留学する機会がないので、大変ためらった。

神学者が自らの置かれているコンテキストにおいて神学をするという態度は、文化的限界であると考えるよりも、誠実な態度であると考えた方がよい。

バルトにとって、そのコンテキストとはコルプス・クリスチアーヌム(corpus christianum キリスト教世界)の崩壊という事態である。それは見方を変えれば近代の完成なのだ。教会に関して言えば、小児洗礼(これによって原理的に全国民が教会員となる)の否定ということになる。その結果、サクラメント(28)としては聖餐しか残らない。バルトの神学的結論を整理すればそういうことになる。

それに対してフロマートカは、それはあまりにも理論的、抽象的すぎると考え、別のアプローチをとる。むしろ現実に生きている労働者や無神論者とともに生きていくために対話を押し進めていくわけである。そうすると、キリスト教徒には、「われわれはこう考えている」と非キリスト教徒たちに具体的に説明していく責任が生じるのである。しかしその説明責任こそがキリスト者を自ら考えさせ、その思想を深めさせるといっていいだろう。

すでにコルプス・クリスチアーヌムの解体は進行している。これは不可逆な性質を帯びている。コンスタンティヌス帝によって、キリスト教は公

(28) サクラメント:カトリックでは「秘蹟」と訳され、洗礼・堅信・赦し・聖餐・叙階・結婚・癒しの7つとされる。宗教改革はこれを批判し、洗礼と聖餐のみをサクラメントとした。プロテスタントでは「聖礼典」と訳される。

認され、国家と教会が持ちつ持たれつの関係で成り立っているという時代は終わったのである。この歴史の流れを反対向きに動かすことはできない。とにかく神学は、現状における実践を中心に考えていくべきなのである。その意味においてフロマートカはバルトより一歩進んでいる。

この認識は、ソ連・東欧の社会主義体制が崩壊した後の今でも私の中で変わらない。フロマートカの座右の銘、「フィールドはこの世界である」がその神学の性質をよくあらわしている。私自身、神学の場というのは、あくまでこの現実世界だと考えている。神学が教会の中だけに限定されるようになると、神学というのはキリスト教の疎外態になってしまう。

もっとも日本において、いくら「外に対して開かれた教会」と言っても、それはキリスト教徒が圧倒的少数派である日本というコンテキストの中では、なかなか成り立たない。日本におけるキリスト教徒の割合は公の統計でも1％以下であり、統計には表れないが、日常的に教会に通っている信徒となると、０・25％くらい、すなわち約30万人になると思う。さらに神学的訓練を受けている人というのは泣きたくなるくらい少ない。神学部を卒業して牧師になっても、実際に牧師になってしまうと、多忙のあまり神学研究と牧会を両立させることが難しくなる。むしろ下手に神学を持ってしまうと、牧師の仕事がかえってやりにくくなってしまう。そういったこともあり、日本で神学をやる場合、ギャラリー（神学を理解する人々の数）が狭すぎるというのが現実だ。

おそらく私があのまま神学の博士課程に進み、神学の学会でフロマートカの研究成果を発表したとしても、日本全体でもギャラリーは50人程度だろう。しかし、逆に専門用語を使わず、言葉を少し転換すれば、論壇全体をギャラリーにすることができるのである。そうするとギャラリーの規模は数万から数十万に跳ね上がる。あまりにもギャラリーが小さくなってしまうと、重要な問題提起をしても、神学的知識をもたない大多数の人から、「ああ、そうですか」と言われるだけで、社会への影響力をまるで持たなくなってしまう危険がある。

神学部から外務省へ

私は1985年に大学院神学研究科を修了し、外務省に入省した。私がどのような経緯で外務省に入省するにいたったかについて触れたい。

官僚になる動機として、世のため人のために何かをやりたいという気持ちがなかったわけではない。ただしそれは二次的動機だ。

当時、私はチェコにどうしても留学したかった。前述したフロマートカ神学をもっと本格的に勉強するために、チェコ語を習得したかったのである。ところが当時、神学を勉強するためにチェコに留学することはできなかった。フロマートカが、1968年の「プラハの春」というチェコ民主化運動を形成する思想的なバックボーンになった人だったので、当時の共産体制からは非常に危険視されていたからだ。フロマートカの弟子、例えば、ヤン・ドゥスやヤクプ・トロヤンは後にチェコの大統領になるヴァーツラフ・ハヴェルたちと「憲章77」という異論派運動を展開していた。そういうこともあって、当時、神学研究を目的とする日本からチェコへの留学の道はなかった。

このことを神学部の緒方純雄先生に相談すると、「スイスのバーゼル大学に、ヤン・ミリッチ・ロッホマンというチェコから亡命したフロマートカ門下の神学者がいるから、そこに留学して、ときどきチェコに研究旅行に行けばいいんじゃないか」という助言をいただいた。そんな状況だったから、プラハに残ったフロマートカ門下の神学者について日本で得られる情報は断片的なものであったし、当時はチェコ語もほとんどできなかったので、ドイツ語で出されたものを読むしかなかった。その中にヨセフ・スモリークによる貴重な記述があった。それによると、「ヨセフ・フロマートカはプラハにおいてしか理解できない」というのである。そのことがすごく心に引っかかってしまい、どうしてもプラハで勉強したいと思った。

当時私は、文学部哲学科のクラウス・シュペネマン教授にもいろいろ面倒を見てもらっていた。シュペネマン先生は「西ドイツの教会との交流があるライプツィヒ大学プロテスタント神学部に留学してみることを考えたらどうか」と助言してくださった。「それなら西ドイツのミッションからお金をとって東ドイツに留学できる」ということだった。しかし私は、ドイツの奨学金ではなく、日本の奨学金で留学したいと言って断った。

そんな折、たまたま就職部にあった掲示板を見ていたら、「外務省専門職員採用試験」という案内を目にした。入省後、研修する語学の中に、ロシア語、朝鮮語、ウルドゥー語などとともにチェコ語があったのである。これだと思って詳しく見てみると、給料をもらえる上に30万円くらいの小づかいも出ると書いてある。試験科目を見たら、国際法と憲法、経済原論と国際関係に関する論文、あと一般教養ということだったので、二年くらい準備すれば受かるのではないかと思ったわけだ。

試験に受かったのは、今考えれば運がよかったのだと思う。「チェコスロヴァキアの研究を一生懸命やって、こういう論文を書いたんです」と人事課の担当官に説明して外務省に入ったので、外務省の老獪な人事担当者は「そういうやつは、留学の気分でいて、2、3年で辞めてしまうだろう」と考えた。その判断は正しい。事実、私はプラハに留学して、チェコ語を習得し、数年間、大使館に勤務したところで外務省をやめ、アカデミズムに戻ろうと考えていたからだ。ところが、思わく通りにはいかないものである。外務省の担当官が家庭訪問に来たときはチェコ語をやってくれと言われていたのに、入省直前の1985年2月に東京・霞ヶ関の外務省に呼び出されたときには、ロシア語をやれと言われたのだ。正直「えっ」と思ったが、もう大学院博士課程の入学試験も終わっており、仕方ないということで観念した。おそらく、その老獪な人事担当者の判断がなければ、私が1991年8月のソ連共産党守旧派によるクーデター事件のときにモスクワにいることもなかった。

外交官試験に合格した後、和田洋一先生に、外務省で働くべきか大学に残ったほうがいいか、相談した。先生は戦前、京都人民戦線事件のとき治安維持法違反で逮捕されたこともある方だ。「わたしゃあ、つかまったことがあるから、どうも官僚というのは嫌いだけども、佐藤君だったらうまくやっていくんじゃないか」とおっしゃるわけだ。それに付け加えて、「もしも外務省の水が合わなければ、いつでも京都に帰ってくりゃあいいよ。そうすりゃなんとかなるよ」と言われたので、安心して外務省に入省したわけである。この和田先生の言葉がずいぶん背中を押してくれた。

そういうわけで私は外務省に入った。外交官はキャリアとノンキャリアとに分けられる。私はノンキャリアの外交官だった。外務省に入省するキャリアは、東大や一橋といった難関国立大学出身者が多く、ノンキャリアの専門職員でも、当時は東北大学や九州大学といった国立大学、私立では早稲田、慶應義塾、上智の出身者がほとんどだった。同志社はそれらの大学と比べると一列下で、外交官になるのはなかなか難しかった。そのうえ出身学部が神学部ときているからもっと特殊である。

浪人時代、大学入試案内の本で同志社神学部の偏差値を見ると、当時はぴっと横線が引いてあった。最近の予備校の資料を見ると、ちゃんと偏差値が入っているので少し安心したが、当時は高校の教科書レベルの知識があれば誰でも入れるような学部だった。受験戦争の完全な外側に位置していた。ところがそのような学部出身の私でも、１９９６年から２００２年まで、わが国の最高学府といわれる東京大学教養学部専門課程で、文部教官の赴任発令を経て教官をやっていたし、１９９２年から１９９５年まではモスクワ国立大学哲学部でも教鞭をとった。外交官になって周りには東大卒の連中が多かった。しかし、仕事における実務能力とか語学の能力で、そういった同僚と比べて引け目を感じたことは一度もなかった。論壇においても、出身大学や学部による引け目を感じたことは一度もない。

偏差値教育の一番の弊害は、偏差値の高い大学に入れなかった若者が強いコンプレックスを抱いてしまい、自信をなくし、しかもそれが一生続くということだと思う。最近の学生を見ていて心配なのは、出身校の偏差値だとか、卒業後どの企業に何人就職したとか、司法試験や公務員試験に何人合格したかということばかりを異常に気にしていることである。そんなくだらないことを気にしている暇があったら、自分で本を読んで勉強し、知識をつければいいだけの話だ。もちろん、書物だけでは得られない知識や応用力が確かに存在する。それはその人のセンスであったり人格であったり、地頭の良さであったりするが、それはアプリオリなものであることが多く、変えることはなかなか難しい。しかし本を読むことは誰だってできる。そこから学べることは大きい。そういう最低限の努力は当然しなければならないと思う。

いずれにせよ、人の根本的な考え方、あるいは世界観と言い換えてもいいが、これが本当に重要だ。同志社のキリスト教主義の場合、考えの根本に良心を据えている。ここが私は重要だと思う。キリスト主義だけではなく、自由主義も、国際主義も、すべてそれらは良心という一つの言葉に収斂していくように思われる。この良心とは、言い換えるなら「まことごころ」である。こういったことを体得することができたのは、やはり私が神学部にいたからだと思う。

さて、入省してすぐモスクワに留学できるかというとそうではない。最初はイギリスかアメリカの軍隊の学校に留学しろと言われた。「えっ、軍隊の学校？」と最初は思ったが、そう言っても仕方がないのでロンドン郊外のベーコンズフィールドにある英国陸軍語学学校に行った。

行ってみると、そこでのロシア語教育がものすごく過酷なのだ。「1日に27個ロシア語の単語を覚えろ」と言われる。それに加えて「1日に6、7個はロシア語のフレーズを覚えろ」と言われた。そして1週間に1回小テストがある。そして1か月半に1回大テストがある。試験の難易度はたいしたことないのだが、単語とフレーズを正確に記憶しなければならない。小テストで90点以下を3回とったら退学、大テストで80点以下をとったら1発で退学なのである。要するに、語学の資質というものは、どれくらい集中して机に向かって単語や文法事項を記憶に定着させられるかということである。インテンシブ（集中）コースの詰め込み教育についていけない人は語学の資質がないのだから、他の方面の仕事をする方がいいと判断して、早く切ってしまうのだ。私は、とにかくイギリスの軍人に負けたくないという思いがあったので一生懸命勉強した。結局、卒業成績はクラスで2番だった。あの経験がなければ、ロシア語は身につかなかったと思う。

そういったことを考えると、私のような神学部出身の人間が外務省に導かれ、しかもロシア語を勉強することになったのは、どこかで神の力が働いたのではないか思うわけである。

その後も偶然とは思えないようなことばかりがおこる。ロンドンに、東欧の情報に非常に通暁している亡命チェコ人の不思議な古本屋店主がいた。ロンドンでその古本屋の店主と知り合ってチェコやロシアの情報を知ることができたのは、私にとって大きかった。他にも、モスクワに住んでいる間に何度もチェコを訪れ、その際にフロマートカの直弟子や、コメンスキー神学校の人たちと非常に親しくなって、チェコの反体制派の人たちともつきあうことができ、私が学生時代にやりたいと思っていた学問的な関心は、ほとんど満たされたのである。そのとき蓄積したものを、現在、いろいろな形で公にしているということだ。

私は1987年9月から1988年5月まで、モスクワ国立大学言語学部に留学した。当時のソ連には、ロシア語が下手になるための特別コースがあった。レーニンは、資本主義国の外交官はみんなスパイだと思っていたが、ある意味でレーニンの認識は正しい。外交官の仕事には情報収集と工作が含まれるからだ。そこで、ソ連当局は資本主義国の外交官のロシア語が上達しない特別コースをモスクワ大学に作った。外交官にロシア人の友達ができ、人脈を作られると、情報収集活動をうまくやられてしまって困るので、ロシア語が下手になって、ロシア人が大嫌いになる特別コースを作っていたのだ。

モスクワ大学には、ほかにもいろんな不思議な学科があった。たとえば経済学部には、資本主義経済学科と社会主義経済学科が並立していた。資本主義経済学科の実態はマルクス経済学である。資本主義なのになぜマルクス経済学をするかというと、資本主義体制というのは、「マルクスが『資本論』で予言したとおり矛盾によって崩壊する」ということを研究する学科なのである。はじめから結論ありきという感じで、ここはあまり人気がなかった。将来地方の大学の先生になろうと思っている人が行くところだった。

これに対して、社会主義経済学科というのは、日本で言う近代経済学なのである。要するに、社会主義経済建設のために、ブルジョア経済学、あるいは近代経済学の成果を弁証法的に利用するという理屈である。そこでやっていることは、実質上、完全に近代経済学なのである。それだからロシアは、ソ連が崩壊したあと、すぐに新しい資本主義体制に転換することができたのだ。社会主義経済学の専門家が、全員近代経済学を勉強していたのだから。移行は難しくなかったのだ。

それと同じように、哲学部にはデリダ[29]やフーコー、[30]ハーバーマス[31]を一生懸命読んで勉強している教授や学生もいた。この人たちの所属は、現代ブルジョア哲学批判学科という学科であった。そこで使用される専門書は独特の構成をしている。

まずは序文で、ソ連共産党大会の決定を持ってくる。そして共産党の意向に沿った形でテーマを設定する。「まさにこれは、レーニンが言っていた時の情勢に近い」と言って『レーニン全集』からレーニンの言葉を引用する。そして次に、「こういう状況の中で腐敗しきったブルジョア社会においては、このようなけしからん議論が出ている。このことをわれわれは正確に知っておかねばならない」ということを前書きで書いておいて、本編ではできるだけ正確にフーコーなり、ハーバーマスなりの言説を紹介するのである。そして最後の結論のところで、「以上、述べてきたことから明らかなように、このような退廃したブルジョア的な学問に将来はない」と結ぶのである。

このような、はじめから結論ありきの著作構成には、まったく説得力

(29) デリダ（Jacques Derrida, 1930-2004）：フランスの哲学者。構造主義の方法を哲学に導入。脱構築という手法を提唱した。主著『グラマトロジーについて』。

(30) フーコー（Michel Foucault, 1926-1984）：フランスの哲学者。西欧文明の歴史における思考様式構造の変遷を探る。主著『言葉と物』。

(31) ハーバーマス（Jürgen Habermas, 1929-）：ドイツの哲学者、社会学者。カトリック教皇ベネディクト16世と対談したことでも知られる。主著『公共性の構造転換』。

がない。しかし、こういったものが非常に良い学術書とされる。もちろんソ連の学者たちはわざとこういう書き方をしているのだ。研究者はみんな、序文とあとがきは飛ばして、真ん中のところだけを読んで、西側でどのような新しい学問の流れが出ているかを知るのである。学術書をチェックする検閲官ももちろんモスクワ大学哲学部の出身者なので、執筆者も編集者も読者も、みんなそのことを知っていて、完全にグルなのだ。

そのようなモスクワ大学で、私が扉を叩いたのは、哲学部科学的無神論学科という学科であった。そこは、教授のうちの半分がキリスト教徒であり、残りの半分がマックス・ウェーバーのような立場から宗教現象を分析する人たちであった。日本で言う宗教学者に近い。学生は9割がキリスト教徒、主にロシア正教の信徒だった。科学的無神論学科とはこういう二重構造を持った場所だった。しかし、そこに同志社大学神学部卒業の私が飛びこんでいったことによって、一つの化学変化が起こった。

その科学的無神論学科の学生たち、大学の先生たちを通じて私のネットワークが広がっていって、それがその後、エリツィン大統領(32)の側近である

(32) エリツィン(Boris Nikolaevich Yeltsin, 1931-2007):ロシアの政治家。ロシア連邦初代大統領。

とか、議会要人といった人脈とつながっていくようになるわけである。

そのときに私が武器として使ったのが、他でもない神学の知識だった。しかしロシア人たちは、日本人の神学なのだから、神学といっても神道学のことを言っていると当初勘違いしたらしい。それで私が「いや、神道学ではなくて、私が言っているのはプロテスタント神学なんだ」と言うと、「なんだ、日本にもプロテスタント教徒がいるのか」ということになり、話が非常にはずむ。ロシア人は興味津々という感じだ。「信徒はどれくらいだ」という問いに対して、「公称で50万だけど、いつも教会に行っている信者は多分、30万を切ると思う」と言うと、そのロシア人は腰をぬかしてびっくりする。ロシア人に言わせると、「ソ連のバプテスト派の教徒だけでも500万人はいるのに、日本にはなぜそんなにキリスト教徒が少ないのか」と言うのだ。

モスクワにも一箇所だけプロテスタント教会があった。その教会は全連邦福音主義キリスト教徒・バプテスト教徒同盟教会という名前だった。同じ教会に全ソ・セブンスデー・アドベンチスト教会という看板もかかっている。アメリカでもヨーロッパでも、アジアでさえもありえない二者のとりあわせである。あれだけ広いモスクワにプロテスタント教会が一つしかないというのも驚きだ。非正教、非カトリックの教会は、全部一緒ということで、一つの教会に全ての教派があつまっているわけだ。土曜日は、セブンスデー・アドベンチスト[33]の人たちが礼拝をして、日曜と水曜は、他のプロテスタント諸派の人たちが使っていた。10時と、3時と、夜の7時、3回にわけて礼拝をしていた。いつも立錐の余地もないくらいの信者が集まってきて、みんなでお祈りをするわけである。特にバプテストの信者は、どちらかというとアメリカのファンダメンタリストに近い熱烈なところがあるので、必ず、礼拝の最中に聖霊が降りてきて誰かが失神したり、異言を話したりするわけである。そうするといつも大体同じ人が横に出てきてその異言の解き明かしをするのだ。そのキーワードはいつも「神は愛です」ということだ。いつも決まりきった形の儀式だった。私もそういった教派の礼拝は初めて見たので、驚いた。

そういう不思議な環境の中で生活していて、毎日が驚きの連続だった。

(33) セブンスデー・アドベンチスト（Seventhday Adventists）：キリスト再臨が近いと主張する再臨派の一派。創始者はW・ミラー。

無神論という枠組みの中で、本当に生き死にの原理として、キリスト教の真髄とは一体何なのかということをモスクワ大学の学生たちは聖書や神学書などから読み取っていこうとするわけである。

そのときに私は、ドストエフスキーを、ロシア人と議論をしながら読んだ。私がつきあった科学的無神論学科のインテリたちは、『カラマーゾフの兄弟』や『罪と罰』において書かれているキリストや神の像を、非常に懐疑的に見ていた。神とかキリストとか救いとかいう言葉があまりに過剰であるからだ。過剰に表現するということは、信じていないということだとロシア人学生は言うのである。ドストエフスキーは、その本質において、信仰者というよりも革命家だったのではないかと言うわけだ。ドストエフスキーがキリスト教の救済を信じていたかどうかは、本当はよくわからないとみんなで話していた。ちなみに、そのときに私がロシア人たちから一番聞かれたのは、「お前のような日本人がキリスト教徒、更にプロテスタント教徒であるとはどういうことなのだ」ということだった。

ロシア人が一番シンパシーを持つ宗教は、やはりロシア正教なのである。

なぜかと言うと、ロシア人の感覚からすると、正教は宗教というよりもユーラシア地域にある人々の習慣と言った方が近いからだ。中央アジアでムスリムの夫婦に子どもが生まれると、子どもたちを連れてロシア正教の教会に来て、「子どもに洗礼を授けてくれ」と頼むことがときどきあるという。洗礼を授けた方が、子どもが健やかに育つと思っているわけである。そうするとロシア正教の神父はけっこう簡単に洗礼を授けてしまう。そういうわけで教会の行事に、世俗化したムスリムの人たちが参加することがときどきあった。西方教会と東方教会はこういう面においても違う。正教会はそういったことに対する抵抗が少ないのだ。そもそも教会員名簿とか受洗者名簿を備えていない。これが、政府による教会弾圧がいつ始まっても、証拠が残らないようにするという知恵でもあるのだ。記録が残るようであれば、信徒は教会に行きづらくなる。

ロシア人、特にロシア正教の神父や知識人は、日本の戦前の国家神道に対して関心を持っているし、色々聞いて勉強したがる。下手な日本人よりも神道についてよく知っている神父もいる。神道が日本人にとって宗教というよりも、一つの慣習のようになっているということを知ると、「そういった形が一番いいんじゃないか」と言うのである。「完全に慣習になり、それが宗教だという意識がなくなるのが本物の宗教である」ということだ。それに対して私が、「いやそうじゃない。神の啓示というのは、徹底的に上から下に降りてくる介入で、それに対する個人の改心こそが大切なのだ」ということを言うと、「それは完全に西側のキリスト教理解だ」と反論されるのである。「神が人になったのは、人が神になるためだ。下から上にあがっていく道もあるのだ」と正教の神学者は言うわけである。これが東方正教の標準的な神理解である。

他にも、悪の実在についての議論もよくやった。彼/彼女らは、「実はイエス・キリストは、悪魔の人質になったのだ。人質になったからその身代金を払って返してもらったのだ」と言うのである。神学には色々なメタファーがあるが、これは正教独特である。他にも色々な議論がなされる。たとえば、「そもそも、果たして悪は本当に存在するのか」という議論がある。「もし、悪がほんとにあるなら、その悪を作ったのは誰なのか。

神が悪を作ったということならば、その神はむしろ悪魔ではないのか」。これは神学や哲学の方で言うところの弁神論[34]（神義論）の問題である。この問題もまだ解決がついていない。

西方教会、あるいは欧米の一般的な理性が陥りやすいのは、「悪は善の欠如に過ぎない」という考え方である。そうすると悪の実在性が弱くなってしまう。それに対して、ロシア正教の信徒は、「悪は悪であり、それが断固として実在しており、善の欠如などといったものではない」と言うわけだ。だから地上に悪い政府があっても、それはむしろごく自然な現象だと考える。人間は堕落しているのだから、この世における国家の秩序が悪ければ悪いほど人間的だと考えるわけである。ロシア人は、選挙で自分たちの代表を選び出していくという発想がほとんどない。選挙とは、上層部から、悪い奴と、うんと悪い奴と、とんでもなく悪い奴が候補者として出てくると考えている。そのうち、悪い奴から順に消極法で消していくのが選挙だと考える。そうしなければ、うんと悪い奴と、とんでもなく悪い奴が権力を握ってしまうと恐れる。

(34) 弁神論（théodicée）：世界に悪が存在することが、世界の創造者である全能の神の善性と矛盾するものではないことを弁明しようとする弁護論。ドイツの哲学者ライプニッツが、フランス語での同名の著作において、ギリシャ語の theos（神）と dikē（正義）から合成した造語である。神義論という訳もある。

なぜロシア人はそういう発想するのかと考えたときに、私はとても反省したことがある。それは旧約聖書の勉強をもっときちんとやればよかったということだ。

前述したように、私の指導教授は緒方純雄先生と野本真也先生だった。緒方先生は見た目はとても温厚な感じの先生だった。ところがこの先生は、熊本の県立第一中学校で漢文の先生を殴って退学になり、その後関西学院に行き、さらに同志社に来たという、変わった経歴を持った先生だった。私が入学した年、緒方先生は「今年の組織神学の授業は教科書を使ってやりましょう。比較的新しいものを使いましょう」と言うのである。指定された教科書は、1810年に出版されたシュライエルマッハーの『神学通論[35]』だったのだ。私は一瞬、1910年の間違いかと思った。いやしかし、やはり1810年だった。先生は何事もなかったかのように、「久しぶりに、比較的最近の19世紀の教科書を使ってみましょうか」と言うわけである。神学の世界においては、200年くらいの時間の経過なんていうのはほとんど影響がないという感じだった。緒方先生自身も、シュライエルマ

(35)『神学通論』(Kunze Darstellung des theologischen Studiums):通常4つの分野に分類される神学諸科を、並列的に取扱わないで、それぞれ固有な性質を認めた上で、哲学的神学をメタの立場において階層的に整理した。

ッハーの『神学通論』で組織神学の基本を勉強したとのことだった。その『神学通論』に、旧約聖書についてこう書いてあったのだ。

「ユダヤ的経典が、キリスト教固有の信条箇条の標準的叙述を含んでいないことは、もうまもなく一般的に承認されるようになるであろう。しかし、だからといって、旧約聖書が新約聖書と共に、ひとつとなって全体として聖書を構成しているという、古くからの教会の慣例を捨てるにはおよばない。――これを捨てることはゆるされるであろうけれども。」（『神学通論』教文館、1962年、63頁）

当時、私はこの箇所を「旧約聖書は新約聖書によって完全に克服されている。だから旧約聖書は、外典と同じような扱いでよい。本当は、テキストから外してもいいのだけど、教会の統一と一致のために、まあ置いておいた方がいいだろう」と解釈し、シュライエルマッハーの言うところが非常に腑に落ちるような感じがした。そうすればヘブライ語の勉強や講読に時間を割かなくてすむのである。しかも、自分の学問的な良心とも矛盾しない形で。ヘブライ語の学習というのは非常に時間がかかる。もう一人の指導教授である野本先生は、旧約聖書のコンテキストにおいてのみ新約聖書を理解すべきだと言う。当時の私には野本先生の言うことがピンとこなかった。

フロマートカは、「預言者に帰れ」とか、「旧約に足を置かないと、キリスト教の使信はわからないのだ」と強調していた。私はロシアに行き、ソ連の崩壊と１９９３年のモスクワの内乱を見て、神学生時代の勉強を反省すると同時に、旧約関係の資料を取り寄せて、ヘブライ語を含めて勉強しなおした。どうしてかというと、これが悪の問題と結びつくからだ。

その後、１９９５年に帰国してから、私は仕事でイスラエルとの関係も深くなっていくのだが、その過程でユダヤ教の勉強も一生懸命するようになった。そこで、「神様が外部にいて、外部からこの世界を作ったと考えることと自体に何らかの大きな誤解があったのではないか」と思うようになった。むしろ、神は空間の中に満ち満ちていたが、あるとき気まぐれを起こして収縮したのだ。(36)その収縮の結果、その外側に空虚な領域ができた。多分その空虚こそが、われわれの生きているこの世界なのだ。その空間ができたことに対して、神には何の責任もない。そこにおいて、われわれ人間と人間の関係性から本物の悪が生まれてくるのである。

こういうような考え方するようになったのは、現役の外交官の頃、すなわち1993年の頃からである。キリスト教とユダヤ教が悪について普通の認識を持っていることに気づいてから、世の中を見ると、世の中が非常によく見えるようになった。神学を学ぶと、ただキリスト教のことがわかるのみでなく、常識では、バラバラに見える出来事の背後にあるさまざまな回路がつながるようになって、鮮明に見えてくるのだ。真実というものは、見る角度によって異なっているが、根底的なところで通底しているのだと思う。

神学の話は、キリスト教を信じない人にとってはまったく空虚で意味をなさず、現実社会に影響を与えない話のように見えると思うが、私に言わせると、これらのことこそが現実に影響を与えているのだ。私は、ここで

(36) このような神の自己収縮を、ユダヤ教神秘主義カバラーは「ツィムツム」と呼んでいる。ドイツのプロテスタント神学者モルトマンは、このツィムツムの中に、全知全能を放棄する神の自己限定を見てとり、人間の自由と責任、また悪の根を考えようとしている。

述べていることを含め、自分の良心に照らして私自身が「正しい」と思っていることを述べているつもりである。しかしこれは、他の人にとって「正しい」ということではないのかもしれない。世界には、「絶対に正しい」ということは存在するはずだ。しかし「絶対に正しい」ことは、人間の側から見る限り、複数存在する。「絶対に正しい」ことが複数あるということに、耐えていく力が求められる。人間には、絶対に「正しい」ことは一つであると信じたい傾向があるからである。しかし、その限界を克服しなくてはならない。そうしないと平和な形で人間が共存し、生き残っていくことができなくなるからだ。その点を乗り越えていかなければならないのが信仰だと思う。「私の良心」と「他者の良心」は違うかもしれない。しかし、「それぞれの良心」に従って動いている人の言動や行動というのは、どこかで共通しているものがあると思う。それは言葉では簡単にあらわせない。

私がこういう考えに至り、それによって、見えないものが見えるようになった背景には、やはり同志社大学神学部時代に受けた教育、そして学生時代の仲間との議論があった。これこそが、キリスト教主義大学である同志社大学の中に流れている伝統であり精神なのだと思う。

インテリジェンスと神学

インテリジェンスという言葉は、最近になってよく耳にするようになった。以前は、インテリジェンスというと情報に関する仕事であることは何となく分かるが、それ以上は分からないという状態だったと思う。

そもそも、この情報という言葉は明治時代に入ってからできたもので、敵情報告という言葉を縮めてできた軍事用語だから、もともと「敵の様子を見る」という志向性がある。日本人は情報をまずそのような概念として受けとめたのである。

インテリジェンス（intelligence）というのは元々ラテン語のインテル（inter-、「あいだに」）とレゲーレ（legere、「組み立てる」「読む」）が合わさってできた言葉である。だから、「行間を読む」ということに関わることが、語源から分かる。私はインテリジェンスとはまさしく、「行間を読む」

営みだと見ている。インテレクチュアル（intellectual）という英語は、人間にしか使われない。それに対して、インテリジェンスは、「あの猫が逃げ足が速いのは、インテリジェンスがあるからだ」という風にも使われる。よって動物でも人間でも国家でも、生き残っていくために必要な事柄と結びついた能力ということなのだ。

ところで、世界で初めてインテリジェンス・オフィサーの養成学校を作ったのは、実は日本なのである。これが１９３８年にできた陸軍中野学校である。陸軍中野学校は、ハルビンの特務機関長をやっていた秋草俊[37]が作った。当初は、後方勤務員養成所と言っていた。中野学校と改名されたのは１９４０年のことだ。

１９３０年代に入るまで、日本の情報活動は、特務機関方式でやっていた。情報に長けている人に対して、今で言う30億～40億円ほどのお金を渡して、「これで自由な形で工作しろ」といった形でやったのだ。無謀のようだが、日露戦争下の明石元二郎の時などはこのような感じで大体うまくいっていた。

（37）秋草俊（1894-1949）：昭和期日本の陸軍軍人。陸軍少将。陸軍士官学校卒。陸軍中野学校初代校長。諜報活動で活躍し対ソ諜報の第一人者となる。モスクワの収容所で病没。

しかし1930年代になると、日本がソ連に送り込んだスパイが全員摘発されるようになる。なぜかというと、スターリンが秘密警察を非常に強化し、一般警察と秘密警察を一体化した合同内務人民委員部（NKVD）を作り、都市住民全員にパスポート（国内旅券）を持たせたからだ。そして切符を買うにも、ホテルに泊まるのもパスポートを提出させるようにした。それに加え、国民に労働手帳を持たせて、職場を移るごとに全部その労働手帳に記録しないと移れないようにした。こうしてスパイが潜入する余地がほとんどなくなってしまった。

そこで秋草俊は、まったく新しい情報学校を作ろうと考えた。そのときの基礎にしたのが、実はキリスト教のミッション(38)（宣教団）なのである。宣教団が本質的にスパイとしての役割を持っていることに、陸軍中野学校を作った人たちは気づいていた。すなわち現地の人と結婚し、語学を徹底的に覚える、こういったことを中心にして、相手の内在的な論理をつかまえるということを宣教活動の基本にした。同じように陸軍中野学校は、「謀略はまことごころによって行う」というのをインテリジェンス教育の

（38）ミッション（mission）：キリストの福音（よき知らせ）を人々に伝えるための組織。大航海時代以後、ヨーロッパより全世界に送られた。

中心に据えたのである。

ちなみに、中野学校の第一期生と第二期生には、陸軍士官学校や陸軍大学校を出た人間は一人もいない。ほとんどが東京帝大、京都帝大、それから東京外事専門学校（今の東京外国語大学）、早稲田、慶応、それから、拓殖大学の卒業生だった。なぜかというと、最初から軍人になりたいと思い軍隊教育しか受けていない連中は考え方の幅が狭く、未知の問題に遭遇した場合、適確な判断ができないからである。戦前における職業軍人はたいへんなエリートだったので、数年間軍隊にいて箔をつけ、民間企業でキャリアを積みたいという人たちが予備士官として陸軍に入って来る。こういう人たちをうまいこと情報戦士にすることを秋草は考えたのである。

ちなみに陸軍中野学校にキリスト教徒はひとりもいなかったという。キリスト教徒は、ぎりぎりのところで、国家のためにきたない仕事をすることができないのではないか、と秋草俊は心配したのであろう。この心配はある意味で正しいと思う。

他方、龍谷大学の出身者はいた。それは、内モンゴルに工作員を送り込む時に、ラマ（活仏）の転生ということにして日本に都合のいいラマを作り出し、それによって工作をしようとしたことであったのだが、そのためには、仏教に明るい龍谷大学仏教学科出身者が必要だと判断して中野学校に招いていたわけである。

また、陸軍中野学校の教育でこういう話がある。あるとき校内を秋草が歩いていると、学生たちが「天皇」という言葉を聞いて直立不動の姿勢をとった。すると秋草は「馬鹿もの」といって叱りつけた。

「天皇などといって、直立不動の姿勢をとるのは軍人だけだ。そんなことをしたら、どんなに巧みに潜入をしていてもすぐに軍人だとばれるぞ。そもそもおまえたちの考えは腐りきっている。天皇だって人間だというところから考えないと、情報工作なんかできないぞ」と言うわけだ。また、「軍服は着るな。丸坊主にはしないで長髪にしておけ」、「天皇を絶対視するな」という、当時にしてはたいへん非常識な教育をしていたのである。

八紘一宇(39)も禁句だった。「八紘一宇で、中国人を説得できるのか。じゃあ、まずおれを説得してみろ。結局、工作活動とは、自分が絶対に正しい

(39) 八紘《はっこう》一宇《いちう》：「世界を一つの家にする」を意味するスローガン。太平洋戦争中、日本のアジア侵略の正当化に使われた。「八紘をおほひて宇《いへ》とせむ」（『神武紀』より）。

と信じ、相手も絶対に正しいと信じ、それでいいと信じたところでしかできない。謀略の心はまことである」と秋草は教えたわけである。

秋草は明石元二郎[40]をお手本にした。明石は、フィンランド人に決起を呼びかけたり、ロシアの中のユダヤ人との連携を強化したりした。帝政ロシアのフィンランド人抑圧や反ユダヤ主義から、彼らを解放するという大義名分が立つし、フィンランド人やユダヤ人のためにもなる、そして何より日本の国益になる。そういう連立方程式を組むことができたときだけ、初めて工作ができると考えたわけである。

そのため陸軍中野学校は、中国工作をほとんどやっていない。大義名分が見つけにくかったからだ。そのかわりインドネシアをオランダから解放した。こういう作戦は積極的に展開したのである。

インテリジェンスは、何らかの形で評価され選別された情報を扱う業務である。その場合、主語は国家である。国家には国家特有の文法がある。よってインテリジェンスを理解するためには国家の文法を習得することが前提になる。この文法をきちんと習得しておくと、当該国家が文法からず

(40) 明石元二郎（1864-1919）：明治、大正期日本の陸軍軍人。陸軍大将勲一等功三級男爵。第7代台湾総督。

れているということ、すなわち国家体制が動揺していることに気づきやすくなる。

ソ連の例を出そう。ソ連は無神論国家で、ソ連共産党によって国家全体が統制されている。国民の間には、子どもの頃から思想教育を通して共産主義が定着させられているし、秘密警察網も敷きつめられているので、これほど強固な国は崩壊しないというのが常識であった。しかし崩壊する国家には、必ずどこかにその徴候が見出されるものである。たとえば、共産主義という公式イデオロギーがあるのに、ロシア正教会や、カトリック教会、あるいはプロテスタント教会が存在し、活発化していたことである。公式イデオロギーでは認められない団体が存在しているということは、国家のほころびである。とくに1988年に、ゴルバチョフ・ソ連共産党書記長は、キリスト教弾圧政策をやめて、宗教政策を緩和させた。私はソ連の対教会政策を注視することで国家崩壊のきざしをつかんだ。宗教政策の分野で、国家の文法は崩れはじめていたのだ。ソ連国家を分析するさいにも神学の知識は「役に立った」。

当時、ソ連では宗教教育がなされていなかったし、神学教育はもっぱら神学校で行われていたので、ロシアのインテリたち、とくに政治エリートたちには神学の知識がまるでなかった。当時、キリスト教に関する知識は、モスクワ大学無神論的宗教学科などで教えられていたが、その知識は極めて限定的だった。そうした神学の知識を私のような日本人の外交官が説明すると、大変珍しがられ、重宝がられた。ロシア人は知識を持っている人を尊敬するので、一度、信頼を得ると、その後の仕事に関してもやりやすくなった。もし私に神学的知識がなければ、ソ連の崩壊プロセスであそこまでソ連社会に食い込むことはできなかっただろう。

現在では、ロシアの一般の大学でも、神学教育は重要な位置を占めている。その観点から、私は帰国した際に、日本における神道神学教育の重要性を痛感した。日本人は仏教徒であろうとキリスト教徒であろうと無宗教者であろうと、神道や儒教、そして仏教の知識を持っていたほうがよい。これらは日本人の発想の中に染みついているのである。神学書が日本語に訳される際、部分的に神道用語への翻訳がなされている。そもそも、神という語自体が神道の用語である。

日本の神学において神道的概念がかなり使用されているということを、同志社出身の神学者、魚木忠一が『日本基督教の精神的伝統』において実証的に示している。しかし戦後、日本の神学者の大多数は、こうした日本における諸宗教の問題を考慮に入れようとしてこなかった。土着化の問題を軽視してきたのだ。これは戦前の日本において、キリスト教と国家神道が手を結び、当時の国策にすりよっていったことに起因する反動である。しかし、そういった問題に正面から取り組んでいかないと、将来、似たような局面に際したときに、また同じことを繰り返す可能性がある。

例えば、日本の教会における家父長的な親分子分体質、あるいは教会の中の息のつまるようなリゴリスティックな雰囲気などは、完全に儒教の伝統である。こういった雰囲気は、同じアジアでもフィリピンの教会などでは見られない。

山田香里〈専任講師〉キリスト教美術史

④学部入学定員

30名

⑤大学院入学定員

博士課程前期課程　10名、 博士課程後期課程2名

⑥大学連絡先（住所、電話番号、ウェブサイト、メールアドレス）

〒662-8501　兵庫県西宮市上ヶ原一番町1-155

電話：0798-54-6200／ファクス：0798-51-0936

http://www.kwansei.ac.jp/s_theology/

⑦佐藤優からのコメント

伝統的に聖書神学研究が強い。教会や社会福祉の現場でのフィールドワークを重視しているところにも特徴がある。教授陣が学生に懇切ていねいに指導することでも定評がある。

神学部を正面から望む

「Mastery for Service」をモットーとする大学

関西学院大学神学部 キリスト教神学・伝道者コース キリスト教思想・文化コース

関西学院大学大学院神学研究科（博士課程前期／後期）

①沿革・概要（発足年、母体教派、学生数）

1．1889年

2．日本基督教団（プロテスタント）

3．166名

②特徴

「キリスト教の伝道に従事すべく選ばれた者を鍛錬する」（関西学院創立時制定の「憲法」第二款「目的」）という理念に基づき、キリスト教神学の基礎と専門領域双方の教育を行う。人間を社会との関わりにおいて考察し、今日における生の意味や規範を見出して、それをキリスト教の福音に基づいて広く他者に伝え、社会に奉仕する人材を育成する。

③専任教員一覧

David Wider〈教授〉新約聖書学
浅野淳博〈准教授〉新約聖書学、パウロ書簡
岩野祐介〈助教〉日本キリスト教史、内村鑑三
榎本てる子〈准教授〉牧会カウンセリング
加藤善治〈教授〉新約聖書学　共観福音書
神田健次〈教授〉エキュメニズム、宣教論
土井健司〈教授〉教父学
中道基夫〈准教授〉説教学、宣教学
平林孝裕〈教授〉キリスト教思想史、キルケゴール
水野隆一〈教授〉旧約聖書学
向井考史〈教授〉旧約聖書学

寺園喜基〈教授〉組織神学、バルト神学

天野　有〈教授〉教義学、バルト神学

松見　俊〈教授〉牧会学、教会形成論、説教学

④学部入学定員

神学部　　　10名（一般入試6名、推薦4名）

神学専攻科　若干名、選科　若干名

⑤大学院入学定員

博士課程前期　7名

博士課程後期　2名

⑥大学連絡先（住所、電話番号、ウェブサイト、メールアドレス）

〒814-8511　福岡県福岡市早良区西新6-2-92

電話：092-823-3339／ファクス：092-823-3335

http://www.seinan-gu.ac.jp/

rel@seinan-gu.ac.jp

⑦佐藤優からのコメント

バプテスト派を母体とする神学部であるが、他教派の教理についても目配りした教育が行われている。組織神学の分野では、カール・バルトの正確で読みやすい翻訳を行っている天野有教授の業績が注目されている。

西南学院大学

学問と敬虔をみごとに統合

西南学院大学神学部神学科
西南学院大学大学院神学研究科（博士前期／後期課程）

①沿革・概要（発足年、母体教派、学生数）

1. 1907年
2. バプテスト（プロテスタント）
3. 58名（神学部44名、神学研究科14名）

②特徴

1. 聖書学においては、批判的聖書学の立場を堅持している。
2. 組織神学においては、バルト神学を基本線として強く打ち出している。
3. 近年は歴史神学にも力を入れており、充実してきている。
4. 実践神学の専任教員が着任したため、多様な実践的課題からの問いによって、神学がひとつの全体としての応答をするべく触発されている。

西南の神学部は、今、もしかすると日本で一番元気で、また充実した神学の学びのできる場所ではないかと（自惚れも混じりつつ）考えております。諸々の学問と同様、神学も狭い専門分野へと細分化されがちな時代ですが、西南にはよい意味での討論 disputatio の伝統があり、またそれのできるスタッフが揃っていると自負しています。（片山）

③専任教員一覧

小林洋一〈教授〉旧約聖書、知恵文学
青野太潮〈教授〉新約聖書、パウロ神学
須藤伊知郎〈教授〉新約聖書、福音書
G. W. バークレー〈教授〉 教会史、古代教父
片山　寛〈教授〉教理史、中世哲学
金丸英子〈准教授〉教会史、バプテスト史

3　神学部とは何か

ヨーロッパにおける神学部という場《トポス》

神学部のない総合大学は存在しない

ヨーロッパにおける神学部の地位は大変にはっきりしている。前にも述べたが、総合大学を名乗る場合には、必ず神学部がないといけない。ただしこれは、西方教会、すなわちカトリシズムとプロテスタンティズムの伝統においてである。

正教の世界では、神学はもともと世俗学問と分かれたところにあるので、モスクワ国立大学には、帝政ロシア時代に創設されたときから神学部がない。

ちなみに、東ドイツにおいても神学部はあったのである。これは実は驚くべきことで、たとえば元々神学で非常に有名だったライプツィヒ大学は、東ドイツ時代になってからカール・マルクス大学という名前に変わった。私は神学部で資料を見ていて非常に驚いたのだが、「カール・マルクス大学プロテスタント神学部」という名前が存在するのだ。これは、なんとシュールな世界なのか。マルクスは「宗教はアヘン」と言ったはずではないか。しかしライプツィヒ大学ではかつてと同様に非常にレベルの高い神学研究がなされていた。

ヨーロッパの神学事情

ヨーロッパの伝統的な大学の修業年限は、中世まで大体11年だった。そもそも大学に入学するのは13歳から14歳で、弟子入りという形で大学に入る。そして11年間ほど勉強する。自由学芸を7、8年やって、その後専門科目に進む。神学の場合は、11年間の基礎的な学科を終えた後、さらに5年間の課程なので、入学してから最短の就業年数が16年であった。今の大学の神学部は、学部が4年制であり、修士まで進んで6年間だ。16年の就業年限から比べると全然足りない。今も、面倒くさいことをいろいろ覚えないといけないという制約条件が神学にはたくさんある。しかも、たとえ暗記して身につけたとしても、それが、ほとんど意味をなさないこともあるのだから、こんな非効率的な学問はない。そういった意味でも、神学は「虚学」なのである。

ドイツの神学部は、近代の領邦教会や現代の州教会と結びついて、社会の中に盤石の基礎を持っていた。教会は国家と協約を結び、住民から教会税を徴収してもらう。したがってドイツの教会の財政は巨大である。神学部の基本的な使命は牧師の養成だが、ドイツの牧師はある種、高給取りの官僚のような身分だから、学校秀才が多く集まり、日本の神学部とは社会的なステータスはまったく違う。また、ギムナジウムなどの中等教育における宗教科教師を養成するもう一つの重要な機能も負っている。これも数的に大きな就職口である。

神学部はまず大きくカトリック神学部とプロテスタント神学部に分かれる。プロテスタント神学部には更にルター派と改革派（カルヴァン派）がある。ちなみにスイスの田舎牧師だったバルトが招聘されたのはゲッティンゲン大学神学部だったが、本来ここはルター派である。しかし改革派牧師を養成するためにアメリカの長老教会などから資金援助を得て寄付講座が新設されることになった。そのため『ローマ書』で注目されていた若きバルトに白羽の矢が立ったのである。

イギリスの場合は、大学において神学と宗教学と哲学が隣接している。牧師の養成は基本的に教派の神学校で行うからである。イギリスとドイツに共通しているのは、教会が退潮だということだ。一部のファンダメンタリズム系の教会を除くと、ヨーロッパのプロテスタント教会は本当に閑散としている。１０００人入れるような大聖堂に出席者が十数人のお年寄りだけ、という礼拝はざらである。なぜそれで教会がもつかというと、ドイツの場合は先述の教会税があるからであり、イギリスにおいては富裕層がお金を出すからである。

イギリスの神学は、聖公会[1]（アングリカン・チャーチ、イギリス国教会）の背景を無視できない。しかし国教会内部にも多様な潮流があったし（高教会派と低教会派）、国教会以外にも、カトリックはもちろん、国教会から別れた長老主義教会やメソジスト教会など有力な教派があり、簡単に一般

（1）聖公会、アングリカン・チャーチ：イギリス国教会の系統に属する世界各地の教会。広義においてはプロテスタントと分類される。

化できない。ただ全体として、アングリカニズムに表れている国家との密接な関係や、イギリス経験論哲学に影響された穏健性など、良くも悪くも思想的な鋭さよりは実践的な性格が強いと思う。もう一つの特色は、信仰と自然科学との関係に強い関心を抱いていることだろう。数理哲学者ホワイトヘッド(2)の『過程と実在』はプロセス神学を形成した。また現代イギリス神学界の代表的な論客であるマクグラス(3)も、元々は自然科学畑の研究者だった。彼は、強烈な宗教批判を展開している生物学者リチャード・ドーキンス(4)と論争を交わしている。もちろんバルト神学の影響も無視できない。『教会教義学』を全訳したトマス・トーランス(5)はイギリスにおける20世紀最大の神学者と言われている。

アメリカ神学は、その国民構成と同様、ありとあらゆる教派的伝統の標本室のような様相を呈している。ただ、そこにアメリカの地理的広大さから来るある種の楽観主義や強烈な使命感と、多様な文化の共存から来る連帯感とその裏返しとしての個人主義など、独自の色調が加わっていると思う。また、被抑圧者であった黒人たちの拠り所であった黒人教会は、南米

(2) ホワイトヘッド(Alfred North Whitehead, 1861-1947):イギリスの数理哲学者。主著『過程と実在』。

(3) マクグラス(Alister Edgar McGrath, 1953-):イギリスの聖公会神学者。ドーキンスと無神論について議論したことで知られる。主著『キリスト教神学入門』。

(4) ドーキンス(Richard Dawkins, 1941-):イギリスの動物学者。主著『利己的な遺伝子』。

(5) トーランス(Thomas Torrance, 1913-2007):イギリスの聖公会神学者。主著『王国と教会』。

の解放の神学と呼応しながら独特な黒人神学を生んだ。先鋭なフェミニスト神学もアメリカ的産物と言えるかもしれない。いずれにせよ強烈なファンダメンタリズムから極めてラジカルなリベラリズムまで、その神学の幅はどの国の神学よりも広いのではないか。バルトの盟友で後に袂を分かったパウル・ティリッヒ、キリスト教的リアリズムを説いたラインホールド・ニーバー、バルト派のハンス・フライ、現代世界の世俗化を深く考察したハーヴィ・コックス、「神の死」の神学を説いたアルタイザーとハミルトンなど、論客には事欠かない。いずれにせよ、神のリアリティをアメリカの文化的コンテキストで鋭く捉えているわけだが、その限界にやや無自覚な面も見られる。

ソ連崩壊後のロシアにおいても、大学に神学部が存在しない。これは聖公会の場合と同じで、神父の神学教育は教派の神学校（神学院）で行うからである。おそらく大学は、実学をやるところという発想があるからだろう。ロシア正教の場合、モスクワとサンクトペテルブルグに神学セミナリー（大学に相当）と神学アカデミー（大学院に相当）がある。このように神学は、総合大学においてその影響が限定的であるが、その反面、ロシアでは宗教哲学の影響が大変強い。神学と宗教哲学はきちんと峻別されており、宗教哲学は、哲学の立場から「神が人になったことは、人が神になることである」という方向性を構築した。この影響はロシア正教の神学においても大変強い。たとえば、ベルジャーエフ(6)であり、ソロヴィヨフ(7)であり、ブルガーコフ(8)である。神学ではメイエンドルフ(9)や、シュメーマン(10)などが著名であるが、この二人のように、ソ連時代、アメリカなどの西側で活躍した神学者が多い。ロシア国内からはあまりいい神学者が育たないのである。フローレンスキー(11)などはその例外である。

日本における神学部という場《トポス》

日本の神学部の実態

日本における神学部は、ドイツの場合と一点大きく違う。偏差値的に見てあまり高くないところが多いので、大学の入学は比較的易しいということ

(6) ベルジャーエフ(Nikolai Aleksandrovich Berdyaev, 1874-1948):ロシアの哲学者。マルクス主義に傾倒するが、後にロシア正教に入信。神秘主義的な宗教哲学を展開した。主著『歴史の意味』。

(7) ソロヴィヨフ(Sergei Mikhailovich Solov'ёv, 1820-1879):ロシアの哲学者。スラブ主義の宗教哲学を確立。主著『西欧哲学の危機』。

(8) ブルガーコフ(Mikhail Afanas'evich Bulgakov, 1891-1940):ロシアの経済学者、哲学者。マルクス主義に傾倒し、教会を去るが、ベルジャーエフらとともに正教会へ復帰。神学体系の確立とエキュメニズム運動に尽力。主著『不滅の光』。

(9) メイエンドルフ(John Meyendorff, 1926-1992):ロ

とだ。しかしだからと言って、日本の神学研究や教育の水準が低いかというと決してそうではない。まず、洋書を含め、神学書をたくさん備えた図書館など、神学を勉強する施設が整っている。教授たちの学問レベルは諸外国の平均と比べても決して引けをとらない。日本の神学部は比較的簡単に入学できて、質の高い教育を受けられるという、コストパフォーマンスのよい学部なのである。

神学の課程は、やはり最低限の知識を習得するためにも、神学部（4年）から大学院の博士課程前期（修士2年）の6年間は必要だ。それに加え、可能ならば博士課程後期（博士3年）までの通算9年間勉強すると、神学の全体像が見えてくる。神学はとにかく時間がかかる学問なのである。

たとえば、9年間ひたすら神学の課程にいるのではなく、途中で2年ほど牧会現場に行ったり、社会人経験をしてから神学部に帰ってきてもよい。例えば、修士まで学んだ者がキリスト教主義学校で講師をして、夜に神学の博士課程に通うという選択肢があってもいい。そうでもしないかぎり、神学の研究者は育たないと思う。「フィールドはこの世界」というテーゼ

シア生まれの正教神学者、神父。英語圏にロシア正教の神学を紹介した。主著『ビザンティン神学』。

（10）シュメーマン（Alexander Schmemann, 1921-1983）：ロシア生まれの正教神学者、神父。アメリカからロシアへ正教の指針を伝えた。ソルジェニーツィンとの交友があった。主著『ユーカリスト』。

（11）フローレンスキー（Pavel Alexandrovich Florensky, 1882-1937）：ロシアの正教神学者。数学者、発明家、技師など多様な才を持つ。

を実践にするならば、むしろ、こちらの方が好ましい。そのためには神学部の教員はその社会的要請に堪えうる柔軟なカリキュラム作りをしなければならない。

牧師の資格をもたない神学者も存在する。いわゆる信徒神学者[12]である。ただし日本の現状では神学者は可能な限り牧師の資格を持って、教会に現場を持っていた方がいいだろう。現場があることで信者に対する個別的責任が生じるし、やはり神学と実践は結びついているべきである。

日本における神学や神学部の状況はどうしようもないと言われているが、これはずいぶん昔からそう言われてきたわけである。日本においては、キリスト教徒が圧倒的に少数派であるし、歴史も決して長くはないので当然と言えば当然だ。

しかし、少なくとも太平洋戦争前後のような悲惨な状況にはない。キリスト教徒だからといってぶん殴られたり、リンチを受けたり、戦争の最前線に飛ばされたりすることはないわけである。大いなる歴史の逆説だが、日本の神学書の質は、１９３０年代から１９４０代初頭のものが一番高い。

(12) 信徒神学者：牧師や神父になるための資格を得ていない一信徒の立場で、神学を研究している人。

というのは、この時代の日本の神学者は、「常に死を意識していた」からである。神学者の多くが、近い未来において自分は死ぬと思っていた。その上、明らかに社会的少数派である。この状況において、キリスト教徒であることに全くメリットがない。全くメリットがない、しかも死が隣り合わせである。神学は元来こういった極限状況において力を発揮する営みである。そういった意味で、この時期の神学者は本物の神学者である。当時の牧師たちの説教も、極限状況における人間の救済の意味を説く内容であることが前提だった。

かといって、戦争などの極限状況を現に体験した神学者だけが信憑性の高い神学を構築できるということを意味するわけではない。神学はその特性上、過去の出来事を追体験することができる。人間には元来表象能力がある。神学の基礎的訓練をきちんと受ければ、極限的な状態を追体験し、極限状態にある人に共感を持つことができるのである。

神学のポイントというのは、人間の限界を知ることである。自分自身が限界のある人間であることを知れば、限界状況にある他者に共感することができる。

神学によって限界状況を追体験する神学者もいれば、自分自身がその極限状況におかれる神学者もいる。しかしこの両者に本質的な違いはないと私は考えている。たとえばボンヘッファーのような立場にあった神学者と、ブルトマン(13)のような神学者と、どちらが神学的に深い思惟をしているかと言われると、同じであると考えていい。神学において個人的体験を誇大化することは、ありがちなことであるが、あまりよくない。

たとえばバルトとかフロマートカは、実は自分自身があまり怖い思いをしたことはない。社会の上層部にいたわけで、客観的に見て、心配する側にいた。ただ、この二人の神学者は神学的な天才である。このことは彼らが学校秀才であったということを意味しない。バルトなどはいわゆる学校秀才ではなく、ボン大学における学生時代はまったく評価されず、赴任先もスイスのザーフェンヴィルという田舎の教会だった。前にも述べたが、そもそも『ローマ書』の第一版などはまったく無視されたのである。第一次大戦後の危機的状況がなければ『ローマ書』は注目されることもなかっ

(13) ブルトマン (Rudolf Bultmann, 1884-1976):ドイツのプロテスタント神学者、聖書学者。聖書の実存的解釈である非神話化 (Entmythologisierung) を提唱した。主著『共観福音書伝承史』『イエス』『新約聖書神学』。

た。その意味で、時代がバルトを引きあげたのである。

神学部に向くタイプの人

私が神学部に来てほしいと思う学生は、次のような人である。

言うまでもないことだが、キリスト教徒で牧師になりたいという召命感を持つ人だ。牧師志望ではないキリスト教徒、あるいは非キリスト教徒に関しては、まず自分を等身大で見ることができる人であること。やる気がありすぎる学生はバランスを失して基礎的研究をおろそかにする傾向があるから、やる気はあまりなくてもいい。神学の勉強は本当に時間がかかり、その割には成果が見えづらいということを分かった上で、長いスパンできちんと勉強を続けることができる人。そして、自分の能力を自分のためだけでなく、他人のため、社会のために使いたいという気持ちのある人だ。

そういう意味では、問題意識が高く、地頭で考えるのが得意で、それがゆえに大学受験があまり得意でないような学生に、ぜひ神学部に進学することを薦めたい。

ただし入学したら、しっかり勉強してもらいたい。

しかし、最近はゆとり教育の弊害もあってか、神学部には、高校卒業程度の基礎的知識に欠ける学生が入ってくる。こういう学生を再教育する必要がある。例えば、高校卒業程度の英語が分からない学生に、英語原典講読をさせたり、ギリシャ語の文法を叩き込んだりするのは酷であるし、意味がない。神学部には、東大を頂点とするヒエラルキー教育から外れてしまったが、勉強したいと思う人たちを救済するようなダイナミズムがあるのではないかと思う。

神学課程の長い道のり——語学、基礎学、補助学

まず語学。現代神学を勉強する場合、どの言語をやればいいかというと、やはり英語である。英語帝国主義の波は、神学の世界にも押し寄せている。神学以外の学問においても、英語をまったく知らなくてもいいという領域は存在しない。

ただ日本は諸外国と比べて、神学書の翻訳が多いので、語学の負担はか

なり減っている。英語の次に必要なのはおそらくドイツ語だろう。とは言っても、ドイツ語を全面的に勉強しなければならないわけではない。要は哲学書と神学書の読解能力さえあればいいのである。そのためにはヘーゲル(14)やハイデッガーなどの翻訳書を原書と照らし合わせながら読んでおくといい。ヘーゲルやハイデッガーは哲学にも神学にも言及するし、特にハイデッガーはギリシャ語に遡及し、この箇所の表現はこの言葉に由来するという、語源学(15)的な知識も提供してくれる。そのほかにも専門によってはフランス語や韓国語、私のようにチェコ語が必要になる場合がある。それに加えて、古典語が必要とされる。具体的には、ラテン語と古典ギリシャ語、コイネー・ギリシャ語、そしてヘブライ語とアラム語である。

次に基礎学としての一般教養である。とくに現代に生きるわれわれは、自然科学を含む基礎的な素養が必要である。例えば、数学基礎論や集合論、論理学、生物学、天文学、物理学、そして経済学である。最近の学生は勉強しないので、学部の4年間ではそのような教養は身につかないという意見も聞くが、4年もあるのだから、大学の教員が本気になって教育しよう

(14) ヘーゲル (Georg Wilhelm Friedrich Hegel, 1770-1831):ドイツの哲学者。弁証法哲学を確立。主著『精神現象学』。

(15) 語源学 (etymology):史的言語学や比較言語学の方法により個々の単語の起源、由来を研究する言語学の一部門。

という気になれば事態は大きく変わるはずだ。

また、神学を専攻するために必要な補助学としては、まずは言語学が挙げられる。あと聖書考古学である。それと文化人類学（民族学）だ。人間の集団にどのような内在論理があるのか、これをきちんと掴むことによって、古い時代における人間集団のことを推定できるようになる。教会も、人間集団に他ならない。

日本の神学のこれから

日本のプロテスタント教会の10年、20年後を考えた場合、経営面から見る限り今のままではおそらくもたないだろう。教会も相当数統廃合されるだろうし、牧師も現在のような数は不必要になってくるだろう。もはや教派がどうこうとか言ったり、教団内で内輪もめをしている場合ではない。そのうちインターネット説教とか、バーチャル礼拝の時代がやってくるだろう。もっとも、それでも教会や牧師が完全にいらなくなるという状況にはならない。日本のキリスト教は細々とやっていくしかないというのが現実だ。しかし、繰り返すが、決してなくなることがないのがキリスト教の教会なのである。

現在、なぜキリスト教が日本で調子がよくないかということについて、率直に言おう。教会に行っても「救われた」と実感できなくなってしまっているキリスト教徒が増えているからだ。そのような状況では、非キリスト教徒はなおさら教会に通う気持ちにならないのは当然である。「救い」とは何かについて、イエス・キリストを基点としてもっと大胆に語らねばならない。古代人であろうが現代人であろうが、人間が救いを必要としていることは変わらない。それなら現代人に届くような語彙や文法を工夫するべきだ。そのためにも神学が必要である。

それから、現実に存在する教会の人間関係がわずらわしく感じられることが多い。それは、日本においては、キリスト教徒自身が教会を私的領域と考えてしまっているからだ。これは教会に対する誤解である。教会は人類の救いについてのメッセージを託されているのだから、公の自覚をもたなければならないと思う。そうすれば、つまらない人間的確執を克服することができる。

では教会をどう運営するかということは、一般論では語れない。個別教会がかかえる具体的問題と取り組みながら考えるしかない。

日本の神学の展望については、そんなに悲観する必要はない。諸外国と同じくらいの可能性、いやむしろそれ以上の可能性を持っている。ただ、神学教師が半ば意識的に、資質のある学生を「えこひいき」して育てて、この人という神学者を作り出さなければならないと思う。これは完全に手作業の世界であり、ほんとうに骨の折れる作業である。神学部教員の責任は大きい。

日本の神学部は、やはり伝統的なやり方で、神学教育をじっくりやるべきである。聖書を原典で読み、伝統的な神学の4類型にのっとり、神学の基礎的な知識をつけさせ、いくつかの基本的な神学書の読み解きを教えるべきである。こうした古い教育をする場であってほしい。そして、日本の神学部なのであるから、日本の教会史をキリシタンの時代からしっかり勉強しなければならない。例えば宗教学の分野では、姉崎正治(16)の著作4部作

(16) 姉崎正治(1873-1949):日本の宗教学者。日本宗教史、キリシタン史家。イギリス、インドなどに留学し、実証的宗教学を確立。主著『切支丹宗門の迫害と潜伏』。

などはしっかり読まなければならない。そういった研究の蓄積が日本にはあるので、それを最大限に活用すべきだ。

また、われわれは1920年から1940年半ばまでの神学をしっかり勉強しなければならない。大正デモクラシーのころは、教育の裾野が上がり、書籍が廉価になり、日本人の知的な基礎訓練がなされてきた時代である。神学書もたくさん出版された。その頃の日本独自の神学も外国神学の紹介も、大変質が高い。神学者の名前を具体的にあげるならば、同志社には日野眞澄(17)、有賀鐵太郎(18)、魚木忠一がいるし、東京神学大学には熊野義孝(19)がいる。信徒の神学であるが、九州大学の滝沢克己も、大正、昭和初期の思想のコンテキストから生まれた神学者だ。日本語で読むことができるバルトの良質な紹介書も数多くある。これらをもう一度捉えなおし、再利用する必要がある。

この時期の神学は、当時の国家主義と結びつくと考えられ、現在においてはあまり触れられないが、日本のキリスト教はこれを検証しないままにしておくと、似たような事態になったときに同じことをまた繰り返してし

(17) 日野真澄（1874-1943）：日本の神学者。日本思想史、倫理思想史の研究に尽力。主著『基督教教理史』。

(18) 有賀鐵太郎（1899-1977）：日本の神学者。教会史、教理史研究に尽力。主著『オリゲゲス研究』。

(19) 熊野義孝（1899-1981）：日本の神学者、牧師。弁証法神学の日本への紹介者として知られる。主著『終末論と歴史哲学』『基督教概論』『教義学』。

まうだろう。

１９６０年代以降、聖書学者が行った文献学的および西洋古典学的作業には大きな意味があった。しかし、そこから生まれた全共闘運動につながる政治的ラジカリズムはきわめて不毛だったと言わざるをえない。全共闘時代以降、日本の神学は聖書学者主導になり、組織神学のプレゼンスが著しく縮小した。それによって日本においては、神学が本来持っていたはずの大事なものを落としてしまった。

あえて乱暴な整理をすれば、全共闘神学のイデオロギーは、綿密に細分化された聖書の文献学的研究によってパウロ的な教団を批判していくもので、これと日本基督教団の問題を強引に結びつけようとしたのである。この作業には無理があった。そして現在、聖書学から起った波も縮小再生産されて小さくなり、明らかに行き詰っている。それに代わる神学の波も見られない。特に組織神学が弱っている。組織神学というものは、本質において護教的な性格を持っている。護教的体質が弱っているということは日本のキリスト教自体が弱っているということである。

ともあれ、神学の面白さに一回とりつかれると、そこから離れられなくなってしまう。私は外交官になってからも神学書をいつも手元に置いていた。そして聖書を毎晩読むという生活様式がずっと続いている。それは、神学的思考が今やっている仕事と直接にはつながらないがゆえに、常識では見えなくなっていることに気づき、それによって仕事の役に立つという弁証法があるからだ。

私は『世界』（岩波書店）にも書けば、『週刊金曜日』（金曜日）にも書く。あるいは新左翼系の『情況』（情況出版）にも書くわけである。更に、右の方だったら、『ＷｉＬＬ』（ＷＡＣ）にも書いているし、『正論』（産経新聞社）にも連載を持っている。しかし、私の中のインテグリティはまったく崩れていない。それは、一つの日本語を他の言語に翻訳できるのと同じで、私が全ての話の根本として考えていること、すなわち「神がそのひとり子をこの世に送ってきた。そしてそれがわれわれの救済の根拠である」ということを、キリスト教徒でない人に分かる言語と論理で説明しているという、非常に単純なことをやっているつもりだからだ。

しかし、政治やイデオロギーによって目が曇ってしまった人たちにはそれが見えなくなっている。その状況を変えていくためには、その認識を曇らせてしまっている言語からスタートするしかないと私は考えている。左側の論理で行き詰まっていることがある場合には、左側の言語でないとそれを崩すことはできない。右側の言論の行き詰まりは、右側の論理に乗っかって崩すしかない。おそらく、イエスが2千年前にやろうとしていたのもそういうことではないかと思う。

イエスは、農民には農民の、律法学者には律法学者の、ローマ帝国の官僚には官僚の言葉で語った。イエスの30数年の生涯、そのうち記録になっているのはわずか6、7年分しかない。そこにおいて、神とイエスがどういうふうな関係をもち、またイエスが他の人間とどういう関係をもったかというこの関係の類比をもっていろいろな問題を考えているのだ。それを私は「思考様式の翻訳」と呼んでいる。

最後に、同志社大学神学部の大先輩である魚木忠一の神学について触れたい。神学部の図書室に行くと、いつも魚木の肖像画があった。ちょっと眉間に皺が寄っているような感じでマントを着ているのである、同志社大学に行く機会があったら読者もこの肖像画を見てほしいと思う。魚木は著作数は多くないが、日本における20世紀最大の神学者と言ってもいいと私は思う。それくらいの、立派な業績を残している。特に重要なのは、前にも触れたが、１９４０年に刊行した『日本基督教の精神的伝統』という神学書だ。そこにおいて魚木は、純粋なキリスト教などというものは存在しない、キリスト教はつねに類型的に理解するしかないと主張する。イエスがあらわれたときのあのパレスチナにおいては、パレスチナ類型というキリスト教が、そしてその後、ギリシャ類型のキリスト教、さらにラテン類型のキリスト教、ゲルマン類型のキリスト教、アングロ・サクソン類型のキリスト教、それから、スラブ類型のキリスト教が現れた。魚木はそのようにキリスト教の本質とそれぞれの文化が触れあうことによって触発が起きると論じる。

「触発」というキーワードで、キリスト教を理解しようとしたのである。そして日本においては、「日本類型のキリスト教」が必要だと言う。「日本的キリスト教」ではだめなのである。日本基督教にならないといけないと言ったわけだ。それで、そのためには、儒教、仏教、神道、その伝統の中で、キリスト教はどう受容されたかということを理解しないといけないと重ねて言うわけだ。

戦後において、魚木忠一は時局に迎合したとか、あるいは一種のシンクレティズム（宗教混交）的な言説だったという批判がなされたのだが、それは正確に魚木のテキストを読んでない人による批判だ。あの魚木のテキストの中にあるものは、当時の京都学派、特に高山岩男[20]の「世界史の哲学」などと同じ問題意識に支えられていた。ゼーベルク[21]、あるいはトレルチなどを踏まえ、バルトによる衝撃を受けとめた上で、キリスト教の日本への土着化を近代という状況において真剣に考える、非常に高いレベルのものだったのだ。そのような神学的メッセージを時代状況の中できちんと発信したのが魚木忠一だった。

その伝統を私は継承していきたいと思っている。私は、フロマートカとバルトの神学について今後も勉強を続けるとともに、魚木の問題提起に対

（20）高山岩男（1905-1993）：京都学派の「四天王」の一人と呼ばれた哲学者。

（21）ゼーベルク（Reinhold Seeberg, 1859-1935）：ドイツの歴史神学者、教会史家。主著『教理史教本』。

して、日本の現状においてきちんと答えることができる神学を営んでいきたいと考えている。

片山はるひ〈教授〉キリスト教文学
喜田　勲〈教授〉マルクス思想
瀬本正之〈教授〉環境思想
宗　正孝〈教授〉宗教文化論
アイダル・ホアン〈准教授〉哲学的人間論
アガスティン・サリ〈准教授〉人権、エスニック政治学
高山貞美〈准教授〉比較宗教論
川中　仁〈講師〉教義神学、霊性神学
小山英之〈講師〉平和学、カトリック社会思想
武田なほみ〈助教〉パストラル・ケア、発達心理学

④学部入学定員

一年次入学定員　40名
編入学定員　8名

⑤大学院入学定員

博士前期課程入学定員　20名
博士後期課程入学定員　4名

⑥大学連絡先（住所、電話番号、ウェブサイト、メールアドレス）

〒102-0094　東京都千代田区紀尾井町7-1
電話：03-3238-3761／ファクス：03-3238-3999
http://www.info.sophia.ac.jp/theol/
t-sakuma@sophia.ac.jp

⑦佐藤優からのコメント

日本で唯一のカトリック神学部にふさわしい研究体制が整っている。特に教父学、中世神学（哲学）の研究においては、日本の最高水準を誇っている。キリスト教関連以外の一般就職者も多い。

日本唯一のカトリック神学部

上智大学神学部神学科
上智大学大学院神学研究科（修士課程、博士課程）

①沿革・概要（発足年、母体教派、学生数）

1．1913年（大学）、1951年（大学院）、1958年（学部）

2．カトリック

3．188名

②特徴

「学問の根底にある真理を追求」と「人間とその生き方の総合的な研究」の在来の二つの学究体制を統合し、2009年度より新体制へ。長い伝統と揺るぎない基盤をもつキリスト教の立場から、来るべき時代へ意見を発信し、社会のさまざまな問題に対して解決策を示すことのできる次世代の聖職者とリーダーの養成を目指す。

③専任教員一覧

雨宮　慧〈教授〉旧約聖書、預言活動の諸要素

岩島忠彦〈教授〉教義学、イエスの死と復活

小林　稔〈教授〉新約聖書

佐久間勤〈教授〉旧約聖書、物語様式分析

光延一郎〈教授〉教義学、神学的人間論、終末論

宮本久雄〈教授〉教父学、ハヤトロギアと他者

山岡三治〈教授〉霊性史、伝統的霊性の現代的考察

具　正謨〈准教授〉ハン文化の回心とゆるし

竹内修一〈准教授〉倫理神学と日本文化

増田祐志〈准教授〉宗教多元主義、イエスの共同体

竹原創一〈教授〉宗教改革、キリスト教思想史
月本昭男〈教授〉旧約聖書学、古代西アジア文化史、聖書考古学
梅澤弓子〈准教授〉キリスト教倫理学、生命倫理
新任予定　キリスト教美術史
新任予定　近現代アジアのキリスト教

④学部入学定員

40名

⑤大学院入学定員

修士課程（博士課程前期課程）10名（含「ウィリアムズコース」）
博士課程（博士課程後期課程）5名

⑥大学連絡先（住所、電話番号、ウェブサイト、メールアドレス）

〒171-8501　東京都豊島区西池袋3-34-1
電話：03-3985-2530／ファクス：03-3985-4790
http://www.rikkyo.ne.jp/grp/kirika/index.html
z2008006@rikkyo.ac.jp

⑦佐藤優からのコメント

聖公会（英国国教会）系の大学であるが、教派にとらわれずキリスト教全般に関してバランスのとれた教育が行われている。神学部ではないので、牧師を養成するためのカリキュラムは設けられていない。

立教大学

社会人への再教育機関を有する注目の研究科

立教大学文学部キリスト教学科
立教大学大学院キリスト教学研究科

（博士課程前期課程、博士課程後期課程）

①沿革・概要（発足年、母体教派、学生数）

1. 1874年
2. 聖公会（英国国教会）
3. 240名

②特徴

信仰の有無や教派にかかわらず、自由な立場でキリスト教を学ぶことができる。神学部という名称ではないが、カリキュラムは神学部に準じる。ただし、キリスト教美術、キリスト教音楽、さらにはキリスト教文学など、神学部にはみられない授業も開講される。2009年度より大学院がキリスト教学研究科として独立し、規模を拡大し教員を大幅に増員。また大学院修士課程（博士課程前期課程）には「ウィリアムズコース」が設置され、1年間で修士号を取得することが可能。聖職者や聖書科教師をはじめとする、広義のキリスト教ミッションで奉仕する人々を対象とする。

③専任教員一覧（2010年度）

池住義憲〈教授〉 実践神学、フィールド・スタディ
久保田浩〈准教授〉宗教学、ドイツ宗教史
MORGAN, Steven〈准教授〉キリスト教音楽
西原廉太〈教授〉アングリカリズム、エキュメニズム
佐藤　研〈教授〉新約聖書学、原始キリスト教思想
SHAW, Scott〈准教授〉教会音楽

あとがき

本書を読んでみなさんはどのような感想をもたれたであろうか？　神学部についても、キリスト教神学についても、「思ったよりも面白そうじゃないか」という感想をもっていただけたならば、私としては何よりもうれしい。

本文でも何度も言及したが、私はチェコのヨセフ・ルクル・フロマートカというプロテスタント神学者を心の底から尊敬している。パウロがイエス・キリストと会ったことがないのと同じように、私はフロマートカと会ったことはない。しかし、この神学者が私にとっては生涯の師なのである。

フロマートカの座右の銘は「フィールドはこの世界だ（Pole je tento svět.）」であった。歴史的現実に、誠実に参与していくことがキリスト教徒の責務であると考えたのである。第二次世界大戦後、フロマートカが、社会主義化したチェコスロヴァキアに帰国することをあきらめ、アメリカのプリンストン神学校の組織神学教授にとどまっていれば、教義学、倫理学、さらに15世紀のフス派の宗教改革に関して優れた著作を残したと思う。しかし、チェコスロヴァキアに帰国し、国家権力の緊張との中で、神学的にも自由な著述をできないような環境で、フロマートカは神学を営んだ。信仰的良心に照らして、それ以外の選択をする余地がフロマートカにはなかったのであろう。

フロマートカは、「プラハの春」と呼ばれるチェコスロヴァキアの民主化運動の思想的土壌をつくりだした一人だ。その基本は、「人間とは何か」という問題について、徹底的にマルクス主義者と対話していくというアプローチだった。誠実に話し合えば、どのような人間も、心を開く瞬間がある。この瞬間をつかむのに、フロマートカがきわめて長けていたのである。その強さは、フロマートカの捨て身の姿勢からきている。

チェコでは伝統的にカトリシズムが強い。プロテスタント神学は、圧倒的にドイツ神学の影響下にある。チェコ人は、ロシア人と同じスラブ民族に属するが、歴史的には西欧世界と結びついている。チェコ人で、プロテスタント教徒で、さらに社会主義体制下で生きる自分をどのように位置づけるか、根源を探求する姿勢をフロマートカは常に失わなかったから、捨て身の選択をすることができたのである。

フロマートカは、自らについてあまり語らなかった。死の直前に、『なぜ私は生きているか』という信仰告白的自叙伝を一冊だけ残している。その末尾でフロマートカはこう述べている。

自叙伝を終わるに当たって、私にとって神学は常に真の喜びであり続けたし、今日私が（人生を）決断するならば、再び神学を生涯の活動として選ぶことを告白する。

（ヨセフ・ルクル・フロマートカ〔佐藤優訳・解説〕『なぜ私は生きているか』新教出版社、１９９７年、１４１頁）

私も神学を学んで、ほんとうによかったと思っている。

本書においては、同志社大学神学部に焦点をあてて記述をしたため、私の内面的信仰が充分に語りつくせなかった部分もある。私は、子どもの頃から日本キリスト教会（新日キ）の日曜学校に通い、京都の日本キリスト教会吉田教会で洗礼を受けた。それだから、他の同志社大学神学部出身者と比べると日本基督教会（旧日基）への思い、また教会史においては長老教会に対する思いも強い。このことについては、また別の機会に記したいと考える。

私を信仰に導いてくださった日本キリスト教会の新井義弘先生（故人）、今村正夫先生（故人）、五十嵐喜和先生、同志社大学神学部の恩師であり、信仰の師でもある緒方純雄先生、藤代泰三先生、野本真也先生にこの場を借りて感謝を述べたい。さらに同志社大学神学部時代からの友人、大山修司君、滝田敏幸君、米岡啓司君にも感謝する。この3君との出会いがなければ、私の人生は異なったものになっていたであろう。

本書は新教出版社の小林望社長、倉田夏樹『福音と世界』編集長の理解なくして日の目を見ることはなかった。深く御礼申し上げる。

２００９年６月

佐藤　優

著者紹介

佐藤 優（さとう・まさる）

1960年、東京生まれ。作家・元外務省主任分析官。同志社大学神学部、同大学院神学研究科修士課程修了後、1985年、外務省に入省。主にロシアでの情報活動において活躍。2002年、背任容疑で逮捕され512日間勾留。現在、最高裁に上告中。外交官としての経験と圧倒的な学識で、様々な論壇で活躍中。主な著書に『自壊する帝国』（第5回新潮ドキュメント賞受賞、大宅壮一ノンフィクション賞受賞）『国家の罠』（毎日出版文化特別賞受賞、以上新潮社）、『私のマルクス』（文藝春秋読者賞受賞）『交渉術』（以上、文藝春秋社）、『獄中記』（岩波現代文庫）など多数。主な訳書にフロマートカ著『なぜ私は生きているか――J・L・フロマートカ自伝』（新教出版社）など。

シリーズ **神学への船出 00**

神学部とは何か

非キリスト教徒にとっての神学入門

●

2009 年 6 月 10 日　第 1 版第 1 刷発行
2010 年 2 月 24 日　第 1 版第 3 刷発行

著　者……佐藤　優

発行者……小林　望
発行所……株式会社新教出版社
〒 162-0814 東京都新宿区新小川町 9-1
電話（代表）03 (3260) 6148
振替 00180-1-9991

印刷・製本……凸版印刷株式会社

ISBN 978-4-400-30000-7 C1316

創造論 Ⅳ/2（KD Ⅲ/4）

第12章　創造者なる神の誡め〈ii〉
吉永正義訳〈オンデマンド〉　8085円

創造論 Ⅳ/3（KD Ⅲ/4）

第12章　創造者なる神の誡め〈iii〉
吉永正義訳〈オンデマンド〉　8925円

創造論 Ⅳ/4（KD Ⅲ/4）

第12章　創造者なる神の誡め〈iv〉
吉永正義訳〈オンデマンド〉　5775円

和解論 Ⅰ/1（KD Ⅳ/1）

第13章　和解論の対象と問題
井上良雄訳〈オンデマンド〉　5670円

和解論 Ⅰ/2（KD Ⅳ/1）

第14章　僕としての主イエス・キリスト〈上〉
井上良雄訳〈オンデマンド〉　7665円

和解論 Ⅰ/3（KD Ⅳ/1）

第14章　僕としての主イエス・キリスト〈中〉
井上良雄訳　6300円

和解論 Ⅰ/4（KD Ⅳ/1）

第14章　僕としての主イエス・キリスト〈下〉
井上良雄訳　3990円

和解論 Ⅱ/1（KD Ⅳ/2）

第15章　主としての僕イエス・キリスト〈上1〉
井上良雄訳〈オンデマンド〉　8190円

和解論 Ⅱ/2（KD Ⅳ/2）

第15章　主としての僕イエス・キリスト〈上2〉
井上良雄訳　5040円

和解論 Ⅱ/3（KD Ⅳ/2）

第15章　主としての僕イエス・キリスト〈中〉
井上良雄訳　5460円

和解論 Ⅱ/4（KD Ⅳ/2）

第15章　主としての僕イエス・キリスト〈下〉
井上良雄訳〈オンデマンド〉　5460円

和解論 Ⅲ/1（KD Ⅳ/3）

第16章　真の証人イエス・キリスト〈上1〉
井上良雄訳　3990円

和解論 Ⅲ/2（KD Ⅳ/3）

第16章　真の証人イエス・キリスト〈上2〉
井上良雄訳　5040円

和解論 Ⅲ/3（KD Ⅳ/3）

第16章　真の証人イエス・キリスト〈中〉
井上良雄訳　6825円

和解論 Ⅲ/4（KD Ⅳ/3）

第16章　真の証人イエス・キリスト〈下〉
井上良雄訳〈オンデマンド〉　9975円

和解論 Ⅳ（KD Ⅳ/4. Fragment）

キリスト教的生
井上良雄訳　5250円

【カール・バルト 教会教義学】

一部はオンデマンドブック化されています。
各巻の概要については小社ＨＰをご覧下さい。

神の言葉 Ⅰ/1 (KD Ⅰ/1)
序説／第１章　教義学の基準としての神の言葉
吉永正義訳〈オンデマンド〉　9975円

神の言葉 Ⅰ/2 (KD Ⅰ/1)
第２章　神の啓示〈上〉三位一体の神
吉永正義訳　6825円

神の言葉 Ⅱ/1 (KD Ⅰ/2)
第２章　神の啓示〈中〉言葉の受肉
吉永正義訳〈オンデマンド〉　9975円

神の言葉 Ⅱ/2 (KD Ⅰ/2)
第２章　神の啓示〈下〉聖霊の注ぎ
吉永正義訳〈オンデマンド〉　10500円

神の言葉 Ⅱ/3 (KD Ⅰ/2)
第３章　聖書
吉永正義訳　7350円

神の言葉 Ⅱ/4 (KD Ⅰ/2)
第４章　教会の宣教
吉永正義訳〈オンデマンド〉　8400円

神　論 Ⅰ/1 (KD Ⅱ/1)
第５章　神の認識
吉永正義訳〈オンデマンド〉　8715円

神　論 Ⅰ/2 (KD Ⅱ/1)
第６章　神の現実〈上〉
吉永正義訳〈オンデマンド〉　7560円

神　論 Ⅰ/3 (KD Ⅱ/1)
第６章　神の現実〈下〉
吉永正義訳〈オンデマンド〉　8715円

神　論 Ⅱ/1 (KD Ⅱ/2)
第７章　神の恵みの選び〈上〉
吉永正義訳〈オンデマンド〉　9555円

神　論 Ⅱ/2 (KD Ⅱ/2)
第７章　神の恵みの選び〈下〉
吉永正義訳〈オンデマンド〉　7770円

神　論 Ⅱ/3 (KD Ⅱ/2)
第８章　神の誡め
吉永正義訳〈オンデマンド〉　9660円

創造論 Ⅰ/1 (KD Ⅲ/1)
第９章　創造の業〈上〉
吉永正義訳〈オンデマンド〉　10080円

創造論 Ⅰ/2 (KD Ⅲ/1)
第９章　創造の業〈下〉
吉永正義訳〈オンデマンド〉　4935円

創造論 Ⅱ/1 (KD Ⅲ/2)
第10章　造られたもの〈上〉
菅 円吉／吉永正義訳〈オ〉　8190円

創造論 Ⅱ/2 (KD Ⅲ/2)
第10章　造られたもの〈中〉
吉永正義訳〈オンデマンド〉　9135円

創造論 Ⅱ/3 (KD Ⅲ/2)
第10章　造られたもの〈下〉
吉永正義訳〈オンデマンド〉　8820円

創造論 Ⅲ/1 (KD Ⅲ/3)
第11章　創造者とその被造物〈上〉
吉永正義訳〈オンデマンド〉　9450円

創造論 Ⅲ/2 (KD Ⅲ/3)
第11章　創造者とその被造物〈下〉
吉永正義訳〈オンデマンド〉　9030円

創造論 Ⅳ/1 (KD Ⅲ/4)
第12章　創造者なる神の誡め〈ｉ〉
吉永正義訳〈オンデマンド〉　5250円